Las Llaves del Reino

por Betty Miller

Primera Edición Publicada 1980
Segunda Impresión 1982
Tercera Impresión 1983
Cuarta Impresión 1984
Quinta Impresión 1987
Sexta Impresión 1988
Séptima Impresión 1989
Octava Impresión 1994
Novena Impresión 2001
Décima Impresión 2003 Impresa a Pedido

Las Llaves del Reino

Derechos de Autor © 1980-2014

ISBN 978-1-57149-031-5

CHRIST UNLIMITED MINISTRIES, INC.
Pastor R.S. "Bud" Miller – Publicador
P.O. Box 850
Dewey, Arizona 86327
Todos los Derechos Reservados. Impreso en EE.UU.

Las citas bíblicas son tomadas de la versión Reina Valera a menos que se indique lo contrario.

Tabla de Materias

Prefacio .... *vii*
Prólogo .... *ix*
Créditos y Reconocimientos .... *x*
Introducción .... *xi*
Las Llaves del Reino ***1***
Las llaves del Reino 1
La llave de la oración 3
Métodos de la oración 4
Acuerdo en la oración 6
Los principios de la oración 7
La oración intercesora 10
Orar en lenguas 13
La llave de la alabanza 18
La llave del dolor 22
La llave del ayuno 29
La restauración de la Iglesia 38
Nota Posterior *40*
Para Estudio Adicional *41*
Propósito y Visión *45*

Prefacio

Saludos en el nombre de nuestro Señor Jesucristo:

Presento este libro para al cuerpo de Cristo como el Espíritu Santo me lo presentó. Te reto a que permitas que el Espíritu de la verdad de Dios, y la Biblia, confirmen la exactitud de las palabras contenidas en estas páginas. Este libro forma parte de un curso completo de estudios sobre el estudio de la Biblia llamado Sobreponiéndose a la Vida. Esta serie es una "caja de herramientas espirituales" ya que cubre una multitud de temas que enfrenta cada cristiano en su caminar con Dios. También responde a las preguntas que muchos creyentes tienen con respecto al movimiento actual sobre Dios. Estos son tratados en un enfoque equilibrado y a la luz de las Escrituras. ¡El pueblo de Dios no está para vivir frustrado, derrotado en vida, sino que están para ser vencedores victoriosos! Para un estudio más profundo, cada uno de estos libros tiene un cuaderno de trabajo disponible en versión impresa. Este libro y serie también se dirige a todos los buscadores de la verdad que no conocen AL CRISTO ILIMITADO, ya que sería un privilegio para mí presentarle a Él.

Durante los primeros años de ministerio, se me dificultaba como aprender a escuchar la voz de Dios. Una vez, mientras nerviosamente esperaba hablar ante una gran audiencia, y no estaba segura sobre qué tema debería de hablar, le hice rezándole al Señor esta pregunta: "Señor, ¿qué voy a decirle a toda esta gente?" En mi espíritu, le oí responder muy claramente, "Betty, yo tenía la esperanza de que no dijeras nada, ya que yo tenía muchas ganas de hablar". Sí, Él quiere hablar a través de nosotros, cuando nos entregamos a Su Espíritu. Me di cuenta que al entregarse al Señor y con la guía del Espíritu Santo no solo son posibles, sino que son el único camino que Él quiere que hagamos su ministerio. **"Porque no sois vosotros los que habláis, sino el Espíritu de vuestro Padre que habla en vosotros" (Mateo 10:20).**

Este libro es un obsequio del Espíritu Santo. No tomo ningún crédito por este libro. Si algo en estas páginas te bendice, te ilumina, te acerca a Dios, te libera del miedo o de la esclavitud, o te cura o te entrega, por favor eleva tu voz en alabanza al precioso Salvador de nuestras almas, ¡Jesucristo nuestro Señor! Si por otro lado, tú encuentras alguna de estas cosas difícil de recibir, difícil de entender, o totalmente herética desde tu punto de vista, te alentamos a buscar al Señor y preguntarle si esto podría ser la verdad. Con el corazón abierto y sincero, ¿le pedirías a Dios que te ayude a cambiar tus ideas preconcebidas, y a liberte de las tradiciones para recibir de Él, Su verdad? Su verdad siempre trae libertad, nunca la esclavitud. **"Y conoceréis la verdad, y la verdad os hará libres" (Juan 8:32).**

Al caminar con el Señor, he encontrado que debemos obedecer las cosas que nosotros sentimos que Él nos está diciendo. En mi vida personal, yo solía tener miedo de hablar por el Señor, porque tenía mucho miedo de perderle y de cometer errores. Él, por supuesto, ahora me ha liberado de todos mis temores. ¡Alabado sea Él! Él me ha animado a no renunciar debido a los errores, cuando me dijo estas palabras: "Betty, si recibo la gloria y la alabanza por todas las cosas que son una bendición para la gente, también recibo la responsabilidad por tus errores, siempre y cuando está tratando de complacerme. Yo soy capaz de hacer incluso esta tarea para tu bien". **"Y sabemos que todas las cosas ayudan a bien a los que aman a Dios, a los que son llamados conforme a su propósito" (Romanos 8:28).** ¡Servimos a un maravilloso, amoroso Dios, que nos anima a seguirlo y obedecerlo para que podamos ser bendecidos, y a su vez bendigamos a los demás!

Este libro fue escrito como un acto de obediencia hacia el Señor, a quien amo mucho. Considero un honor el escribir para El. Hace años, cuando estaba en oración, el Señor me dijo que yo iba a escribir un libro, pero nunca sentí que era el tiempo apropiado para Dios, ni tampoco sentí la unción para comenzar este trabajo hasta ahora. Durante el año pasado Dios ha realizado una serie de milagros para confirmar que este es el tiempo para Él, y ha realizado los arreglos para que esto sea una realidad.

Rezo para que este libro, junto con la serie de Sobreponiéndose a la Vida, pueda ayudarte a aprender como caminar más cerca de nuestro Señor, ya que Él es el ¡CRISTO ILIMITADO!

Soy por Su amor,
Un siervo del Señor,

Betty Miller
Febrero, 1980

"Si alguno quiere hacer su voluntad, conocerá si la doctrina es de Dios, o si yo hablo de mí mismo" (Juan 7:17).

Prólogo

Me pareció natural que yo escribiera la introducción de este libro ya que mi esposa, Betty, y yo, somos "una sola carne". Dios, por medio del Espíritu Santo, ha dado por revelación a Betty muchas verdades sobre Su Palabra, que han sido presentados en este libro.

El Señor le hablo a Betty hace como diez años diciéndole que ella iba a escribir un libro para Él, y que Él arreglaría el momento y el lugar correcto para escribirlo. Betty simplemente tomo esta visión y la mantuvo a un lado hasta que Dios empezó a "despertar" su espíritu para impulsarla hacia este libro. Una mañana, muy temprano, Betty se despertó, y comenzó a escribir como el Señor le iba dictando. Al darle esta pequeña porción del libro, le mostró que, a través de la entrega a su Espíritu, y el rendimiento completo a Él, Él la alimentaria con el mensaje que quiso compartir con el cuerpo de Cristo. Él también le revelo que tan rápido y fácil sería terminado el libro. Los mensajes que Dios ha dado en esta serie de Sobreponiéndose a la Vida son para todos los que quieren ser vencedores y que quieren ser "conformes a la imagen de su Hijo" (**Romanos 8:29**). Nuestro Señor no está satisfecho de que una persona siga siendo un "bebé" en Cristo, pero anhela que cada "bebé" crezca y llegue a la madurez. Él desea que debiéramos tratar de convertirnos en vencedores, vivir la vida que vence, y reclamar las promesas de la herencia de todas las cosas que han de entregarse a los vencedores.

Agradezco a Dios que Él me ha permitido compartir tal amor tan estrecha y la compañía de Betty. Yo sé que dentro de su corazón, ella no tiene ambiciones personales, no con fines personales para lograr esta obra. Betty simplemente ha estado haciendo la voluntad del Padre en la redacción de este libro ungido. Que el Señor te bendiga con este libro, como Él nos ha bendecido al ser parte de Su obra.

Suyo en Cristo,
Pastor R.S. "Bud" Miller

"El que venciere heredará todas las cosas; y yo seré su Dios y él será mi hijo" (Apocalipsis 21:7).

Créditos y Reconocimientos

¡Toda la alabanza y mérito es para **el Cristo Ilimitado**!

Verdaderamente Cristo, el Padre, y el Espíritu Santo son merecedores de alabanza, no sólo por este libro, sino por nuestras propias vidas. Su sacrificio en el Calvario hizo posible conocer a Él y a todos los miembros de la familia de Dios.

Al igual que con la impresión de cualquier libro, hay una gran cantidad de gente responsable por las palabras en estas páginas, palabras físicas así como a las palabras espirituales. Todas las personas que alguna vez han sido parte de mi vida, todas las personas que han orado y apoyado este ministerio, mis amigos y mi familia han realmente contribuido con esta obra. Especial crédito se debe dar a mi marido, Bud, puesto que sus fieles y oraciones amorosas, su ánimo, y liderazgo, y su amor son una gran parte de este libro. Además, quiero expresar mi gratitud a todos cuyos libros y artículos he leído, a los ministros del Evangelio, cuyos sermones he escuchado, ya que cada uno de ellos ha contribuido, en cierta medida, a este libro. La lista es interminable, pero la eternidad tiene los registros. Así que en lugar de nombrar a las personas individualmente en esta página y darles crédito terrenal, prefiero que el Señor Jesucristo recompense a cada uno, de la manera que sólo Él puede hacerlo. Que Dios los bendiga a todos, y que se sorprendan al abrir la caja que contiene sus tesoros celestiales.

"Porque el Hijo del Hombre vendrá en la gloria de su Padre con sus ángeles, y entonces pagará a cada uno conforme a sus obras" (Mateo 16:27).

Introducción

Las Llaves del Reino es el cuarto libro de la **Serie de Sobreponiéndose a la Vida** y te enseñara a cómo ganar autoridad en el Reino de Dios a través de la oración. Este libro, junto con su cuaderno de trabajo que lo acompaña, no solo detalla las diferentes formas de rezos sino que también provee al creyente con las herramientas necesarias para vivir una vida victoriosa. Los temas que se cubren incluyen orando en el espíritu, el ayuno, oración, alabanza, intercesión y la oración de guerra espiritual.

El Espíritu Santo ha estado insistiendo en la guerra espiritual en la actualidad, pero muchos creyentes no entienden esta poderosa forma de oración. Se discute la guerra espiritual personal, así como la guerra corporativa.

Muchos creyentes han experimentado cosas inusuales durante sus horas de oración, pero no han entendido la dirección del Espíritu Santo y han cerrado al espíritu de Dios o han estado temerosos de no estar escuchando a Dios en ciertas áreas y por eso han abandonado las cargas de Dios. *Las Llaves del Reino* proveen a los creyentes el entendimiento en estas áreas de las escrituras para traer la luz a su nuevo nivel de oración.

Mediante la aplicación de los principios y métodos de este libro, tendrás una vida rica de oración que obtendrá resultados para el Reino de Dios.

Las Llaves del Reino
"Y a ti te daré las llaves del reino de los cielos" (Mateo 6:19).

Las llaves del Reino

Cuando Jesús se vuelve nuestro Señor, automáticamente nos trasladamos del reino de las tinieblas al reino de la luz. **Colosenses 1:12 y 13 dice, "Con gozo dando gracias al Padre que nos hizo aptos para participar de la herencia de los santos en luz; el cual nos ha librado de la potestad de las tinieblas, y trasladado al reino de su amado Hijo".** Ahora que tenemos un nuevo Rey y vivimos en un nuevo reino, aún nos falta comprender algunos "principios del reino" para ser cristianos victoriosos. No podremos vencer hasta no tener las llaves que abren las puertas del reino del cielo. El Señor nunca dijo que esperáramos hasta la muerte para experimentar el cielo, sino que anhelaba que lo trajéramos a la tierra a través del poder de Su Espíritu. **"No temáis, manada pequeña, porque a vuestro Padre le ha placido daros el reino" (Lucas 12:32).** No podemos recibir sanidad, provisión y bendiciones de Dios si no sabemos cuáles son las llaves que el Señor nos ha dado para hacer realidad la vida del reino. Las llaves representan la autoridad en el reino de Dios. Tal autoridad se logra usándolas. Las llaves del reino que estudiaremos a continuación son: oración, alabanza, adoración, intercesión, "dolores de parto", ayuno.

Mateo 16:16-19 ofrece un interesante diálogo entre el Señor Jesús y Pedro, el discípulo. Jesús ha preguntado a Pedro quién creía que era Él, y la respuesta fue, **"Tú eres el Cristo, el Hijo del Dios viviente. Entonces le respondió Jesús: bienaventurado eres, Simón, hijo de Jonás, porque no te lo reveló carne ni sangre, sino mi Padre que está en los cielos. Y yo también te digo, que tú eres Pedro, y sobre esta roca edificaré mi iglesia; y las puertas del Hades no prevalecerán contra ella. Y a ti te daré las llaves del reino de los cielos; y todo lo que atares en la tierra será atado en los cielos; y todo lo que desatares en la tierra será desatado en los cielos".** Por estas escrituras vemos que antes de que podamos recibir las llaves del reino, necesitamos tener la misma revelación que tuvo Pedro respecto del

Señor. Debemos reconocerle como el Hijo del Dios viviente. Esta verdad sólo nos llega por revelación del Espíritu Santo.

Pedro fue aquel predicador que, después de ser lleno del Espíritu Santo con los otros ciento diecinueve que estaban en el aposento alto, comenzó a edificar la iglesia del Señor. La primera vez que predicó después de recibir el Espíritu Santo, tres mil almas fueron salvas. La edificación de la iglesia del Señor estaba haciéndose realidad. Debemos entender que la iglesia de Jesús no es ese edificio de la esquina sino los miembros del cuerpo de Cristo. Somos piedras vivientes en el templo del Espíritu Santo.

"Vosotros también, como piedras vivas, sed edificados como casa espiritual y sacerdocio santo, para ofrecer sacrificios espirituales aceptables a Dios por medio de Jesucristo. Por lo cual también contiene la Escritura: He aquí, pongo en Sión la principal piedra del ángulo, escogida, preciosa; y el que creyere en él, no será avergonzado" (1 Pedro 2:5 y 6). **"¿O ignoráis que vuestro cuerpo es templo del Espíritu Santo, el cual está en vosotros, el cual tenéis de Dios, y que no sois vuestros?"** (1 Corintios 6:19).

Todo aquel que haya "nacido de nuevo" y tiene el Espíritu de Cristo morando en él es miembro del cuerpo de Cristo. La verdadera iglesia no es una denominación particular sino un organismo viviente integrado por el pueblo de Dios alrededor del mundo. El eslabón que une las piedras entre sí es el amor de Dios en sus corazones, sin importar la raza, el color, la nacionalidad, el sexo, ni la edad. En Jesús somos un solo cuerpo, aunque somos miembros de diferentes iglesias locales. Las diferencias doctrinarias no deben separarnos sino que deberíamos permanecer entrelazados por Su amor y unidos hasta que las doctrines se purifiquen. Aquellas doctrinas que son verdaderas se manifestarán como la luz, y las falsas desaparecerán. Como cristianos, lo único en que todos estamos de acuerdo es en la lealtad a Jesucristo como nuestro Señor.

Jesús dijo a Pedro que edificaría Su iglesia y que las puertas del infierno no prevalecerían contra ella. ¿Qué quería el decir con esto? Todos sabemos que una puerta está unida a un cerco. De manera que se refiere al hecho de que Satanás tiene cierto territorio que está cercado, pero no debemos desalentarnos. Se nos ha dado el poder de atacar el territorio del diablo y derribar las puertas del infierno, ellas no prevalecerán contra nosotros. Durante demasiado tiempo solamente se le ha enseñado a la iglesia a defender el fuerte, cuando deberíamos estar derribando las puertas del infierno y rescatando a los cautivos que Satanás ha puesto bajo esclavitud (**Lucas 10:17-19**). Son tantos los cautivos hoy y necesitan ser puestos en libertad. ¿Cómo puede usarnos el Señor para libertarlos si no conocemos ni usamos las llaves del reino?

La llave de la oración

Una de las primeras llaves del reino es la oración. La oración es un medio fundamental que tenemos para comunicarnos con Dios. ¿Qué es la oración? En griego, la palabra significa "pedir, desear, solicitar". Recordemos que cuando nos acercamos a Dios pidiendo algo, la petición debe coincidir con Su Palabra y estar en Su voluntad, porque si no Él no escuchará. **1 Juan 5:14 y 15** dice, **"Y esta es la confianza que tenemos en él, que si pedimos alguna cosa conforme a su voluntad, él nos oye. Y si sabemos que él nos oye en cualquiera cosa que pidamos, sabemos que tenemos las peticiones que hayamos hecho"**. El Señor sólo responde nuestras oraciones que concuerdan con Su carácter. Siempre deben presentarse con el mismo espíritu de dependencia y sumisión que marcó la relación de Jesús con el Padre.

Jamás debemos exigir de Dios. Muchos en la actualidad usan la Palabra de Dios y demandan al Señor que cumpla Su propia palabra. ¡Cuán lejos nos hemos desviado para exigir a Dios que responda! Debemos acercarnos a Él con amor y humildad, no como niños caprichosos ordenando a nuestro Padre que cumpla Su palabra. Si no nos desviamos en la forma que nos acercamos a Dios, el diablo prueba un método opuesto para molestar. Nos dice que nada merecemos y que no tenemos que cansar a Dios con nuestros problemas ni pedirle tonterías. Ambos extremos no son escriturales. **Santiago 4:2** dice, **"...pero no tenéis lo que deseáis, porque no pedís"**. El Señor quiere que pidamos. Está siempre listo y deseoso para brindarnos con las respuestas. Él no puede darnos la respuesta de inmediato si esto no sería bueno para nosotros. Tal vez esa respuesta realmente nos alejaría de Él. **Santiago 4:3** prosigue, **"Pedís, y no recibís, porque pedís mal, para gastar en vuestros deleites"**. Mucha gente reclama autos, dinero, casas, negocios, y otros bienes materiales. En Su misericordia, Dios no contesta tales oraciones por ahora, porque sabe que conceder lo que le piden les permitiría involucrarían tanto con las cosas de este mundo que, muy pronto, no tendrían tiempo para Él. Quizás sólo utilizaran lo que reciben para satisfacer los propios deseos y, finalmente, se destruirían. La madurez debe preceder a algunos de los dones de Dios.

Ciertas personas insisten en pedir aunque Él diga "no" en el presente. Si insisten en buscar las cosas de este mundo, finalmente el dios de este mundo, es decir, Satanás, les concederá las cosas de su deseo, porque no le importa otorgar una pulgada para conseguir una milla. Dios se mantiene al margen mientras Satanás les da lo que piden, pero pronto pobreza y vacío se apoderaran del alma. El **Salmo 106:13-15** declara, **"Bien pronto olvidaron sus obras; no esperaron su consejo. Se entregaron a un deseo desordenado en el desierto; y tentaron a Dios en la soledad. Y él les dio lo que pidieron; mas envío mortandad sobre ellos"**. El gozo y el amor por Jesús que alguna vez sintieron ya no será evidente en esas vidas, porque habrán quedado atrapados en los afanes del mundo. Se nos dice que escapemos a los deseos mundanos.

El Señor ciertamente promete cuidar de nosotros y satisfacer nuestras necesidades de modo que, si lo seguimos a Él, sabemos que nunca nos faltará alimento, vestido, o refugio. Por la bondad de Su corazón, amorosamente Dios nos da muchas veces aquello que no merecemos, simplemente como una expresión de Su amor por nosotros. Tales bienes materiales son otorgados cuando podemos manejarlos sin apartar los ojos de Él. Para nosotros, su valor nada debería significar excepto por la utilidad que tengan en nuestra vida mientras estamos en la tierra. Deberíamos sentirnos contentos aunque tuviéramos que carecer de ellos frente al llamado del Maestro. Puede ser que nos permita disfrutar de posesiones, pero será cuando ya no tengan dominio sobre nosotros. Si no hemos alcanzado ese punto es porque en realidad no nos hemos entregado totalmente a Dios.

Métodos de la oración

Cuando la mayoría piensa en la oración, la noción más común es la de alguien orando con el familiar gesto de las manos unidas, la cabeza inclinada y de rodillas. Pero la oración puede adoptar diversas formas y, en realidad, nada tiene que ver la posición del cuerpo; lo que sí importa es la actitud del corazón. Podemos estar de rodillas en el corazón sin estarlo con el cuerpo. Consideremos algunas de las formas y los métodos de oración que se mencionan en la Biblia para que podamos valernos de ellos.

Una forma Escritural de orar es levantando las manos. **1 Timoteo 2:8** dice, **"Quiero, pues, que los hombres oren en todo lugar, levantando manos santas, sin ira ni contienda"**. **El Salmo 63:4** declara, **"Así te bendeciré en mi vida; en tu nombre alzaré mis manos"**. Deberíamos aprender a adorar y orar con las manos levantadas en algunas ocasiones. Simboliza la completa e incondicional entrega al Señor. En la guerra, cuando alguien se rinde, levanta las manos para indicar que no resistirá más. Cuando nos rendimos al Señor, significa que no nos rebelaremos contra Él, finalmente nos hemos entregado a Su voluntad. Representa también el deseo de recibir de Él, tal como los niños cuando se nos acercan con los brazos extendidos para que los carguemos. También levantamos las manos cuando queremos llamar la atención. De modo semejante, nuestras manos en alto buscan llamar la atención a Dios. Vemos así cuán significativo es rendir culto al Señor con las manos levantadas.

También encontramos en la Biblia muchas otras posturas corporales asumidas por personas que oraban. Inclinaban la cabeza, se ponían de rodillas, algunos se postraban en el suelo, otros elevaban el rostro al cielo, pero todos lo hacían en actitud de adoración. Incluso Jesús se tiró al suelo a orar. **Marcos 14:35** dice, **"Yéndose un poco adelante, se postró en tierra, y oró que si fuese posible, pasase de él aquella hora"**.

Otro método de oración es la unción con aceite como símbolo del Espíritu Santo ministrando a nuestro cuerpo. **Santiago 5:14 y 15** dice, **"¿Está alguno enfermo entre vosotros? Llame a los ancianos de la iglesia, y oren por él, ungiéndole con aceite en el nombre del Señor. Y la oración de fe salvará al enfermo, y el Señor lo levantará; y si hubiera cometido pecados, le serán perdonados"**.

La imposición de manos es otro método Escritural. Se emplea en la Palabra de Dios cuando las personas oran por otros. Muchos han recibido sanidad, el bautismo en el Espíritu Santo, y han sido tocados por Dios a través de este método.

"Entonces le fueron presentados uno niños para que pusiese las manos sobre ellos, y orase…". (Mateo 19:13).

"De la doctrina de bautismos, de la imposición de manos, de la resurrección de los muertos y del juicio eterno" (Hebreos 6:2). "Cuando vio Simón que por la imposición de las manos de los apóstoles se daba el Espíritu Santo, les ofreció dinero, diciendo: Dadme también a mí este poder, para que cualquiera a quien yo impusiera las manos reciba el Espíritu Santo. Entonces Pedro le dijo: Tu dinero perezca contigo, porque has pensado que el don de Dios se obtiene con dinero" (Hechos 8:18-20). Estos son algunos de los métodos de Dios para la oración, pero debemos ser cautos y recordar que es todo lo que son, pues el Espíritu Santo jamás puede estar limitado a métodos únicamente.

En **Mateo 8** leemos el relato del centurión cuyo siervo estaba enfermo, quien se acercó a Jesús pidiendo que lo sanara. Simplemente solicitó al Señor que dijera la palabra porque él sabía que así su siervo sanaría. Jesús dijo que no había visto fe tan grande en todo Israel. Fue un simple pedir y enviar la palabra. Dios no está limitado por el tiempo ni el espacio. Podemos orar dondequiera que estemos, y Dios puede enviar la respuesta a nuestra petición a través de la distancia.

Acuerdo en la oración

Otra forma escritural es orar de acuerdo con alguien. Veamos la escritura al respecto de esto, porque esta forma de orar es ciertamente una de las llaves del reino. Mientras leemos, recordemos que el sujeto de estos versículos es "pedir" u "oración", no "acuerdo". Dice **Mateo 18:18 y 19, "De cierto os digo que todo lo que atéis en la tierra, será atado en el cielo; y todo lo que desatéis en la tierra, será desatado en el cielo. Otra vez os digo, que si dos de vosotros se pusieren de acuerdo acerca de cualquiera cosa que pidieren, les será hecho por mi Padre que está en los cielos".**

Vemos que nuestro acuerdo es condicional porque siempre debe coincidir con la Palabra de Dios. Dios tiene muchas bendiciones y promesas que nos pertenecen como cristianos, pero no son "automáticas" sino que sólo vienen cuando mantenemos los principios bíblicos necesarios para producir respuesta a nuestras oraciones. Nada podemos "atar" en la tierra si no está "atado" en el cielo; tampoco podemos "desatar" nada que ya no esté "desatado" en el cielo. Así que podemos ver que el acuerdo mencionado debe ser algo más que dos personas simplemente decidiendo que quieren algo y luego pedir por ello juntas. Nuestras oraciones deben coincidir con la Palabra y el Espíritu de Dios. Debemos tener ambos testimonios para satisfacer los requerimientos de las peticiones para las oraciones válidas. El **verso 16** del mismo capítulo dice, **"...para que en boca de dos o tres testigos conste toda palabra"**. Muchos están de acuerdo en asuntos sobre los cuales la Palabra y el Espíritu de Dios no coinciden, y por este motivo no reciben la respuesta. No debemos decidir "atar" o "desatar" arbitrariamente, sino ver qué ha "atado" o "desatado" la Palabra y orar de acuerdo con esto. Una guía en general seria el "atar" las obras del diablo y "desatar" las bendiciones de Dios, o podríamos "atar" los corazones en amor y ordenar al diablo que "suelte" lo que tiene cautivo.

Los principios de la oración

Un importante principio de la oración que se debe mencionar es a quién vamos a dirigir nuestras plegarias. **Juan 16:23** dice, **"En aquel día no me preguntaréis nada. De cierto, de cierto os digo, que todo cuanto pediréis al Padre en mi nombre, os lo dará"**. Vemos que nuestras oraciones deben estar dirigidas al Padre, en el nombre de Jesús. Nunca vamos a orar al Espíritu porque Él mora en sí mismo. Por supuesto que está permitido dirigirse al Señor usando otros nombres, como Maestro, Dios, Jehová, Rey Justo, Emanuel, etc. Sin embargo, las oraciones deben dirigirse al Padre Celestial, sin importar el nombre escritural que usemos. Podemos hablar al Padre y a Jesús indistintamente cuando oramos, pero es el Padre quien responderá a nuestros rezos. Se han escrito numerosos volúmenes sobre la oración, y el tema podría ser exhaustivo en sí mismo. No obstante, bastará aquí con mencionar unos pocos puntos más. La falta de oración es un pecado del cual se nos advierte en **1 Tesalonicenses 5:17** cuando dice, **"Orad sin cesar"**. ¿Cómo es esto posible? Nuestras peticiones al Señor deben ser continuas. Eso solo puede suceder si tenemos pensamientos y corazones dentro de una actitud constante de oración. El Señor desea que tengamos una comunión sin interrupción con Él. No debemos desalentarnos si las oraciones no reciben respuesta inmediata. **Mateo 7:7 y 8** nos enseñan, **"Pedid, y se os dará; buscad, y hallaréis; llamad, y se os abrirá. Porque todo aquel que pide, recibe; y el que busca, halla; y al que llama, se le abrirá"**.

Esto no significa que rogaremos a Dios por nuestras respuestas, sino que debemos ser diligentes perseverando hasta que las respuestas lleguen. No debemos pedir al Señor lo mismo una y otra vez, porque Él recuerda cada oración que hacemos. No obstante, podemos orar de diversos modos por un mismo problema hasta que se resuelva y logremos la respuesta que buscamos.

Hay dos extremos que el enemigo intenta imponer sobre la gente en esta área. Uno consiste en hacernos pensar que mencionar la misma petición a Dios por segunda vez, es pecado e indica falta de fe. Consigue entonces que la persona se niegue a orar por un problema después de haber orado una vez. Semejante creencia equivocada abre la puerta al enemigo en aquellas situaciones donde él está interfiriendo la respuesta. A veces es necesario considerable poder en la oración sobre un tema o un problema específico hasta que llega la respuesta. Se debe orar por completo acerca del problema antes de dejar de pedir. El otro extreme es pedir continuamente, rogar y orar por la oración en cada línea, una y otra vez. Esto permite al enemigo lograr que nuestros ojos se fijen en el problema en lugar de mirar al Señor. Existe un equilibrio que es necesario poner en práctica cuando buscamos a Dios por las respuestas. Si tenemos paz respecto de algo, no es necesario pedir continuamente por lo mismo. Si nuestro corazón no tiene descanso, es necesario persistir en la oración hasta agotar el tema y lograr paz al respecto.

Orar en el Espíritu es muy positivo en esos casos, porque muchas veces no sabemos cómo orar frente a una situación. **1 Corintios 14:14 y 15** declara, **"Porque si yo oro en lengua desconocida, mi espíritu ora, pero mi entendimiento queda sin fruto. ¿Qué, pues? Oraré con el espíritu, pero oraré también con el entendimiento; cantaré con el espíritu, pero cantaré también con el entendimiento".**

Toda enseñanza sobre la oración sería incompleta si no incluyera la Oración del Señor, "El Padre Nuestro". Es un clásico memorizado por millones de personas, aunque muy pocas lo viven. **Mateo 6:5-13** muestra los principios que el Señor Jesús estableció para la oración.

"Y cuando ores, no seas como los hipócritas; porque ellos aman el orar en pie en las sinagogas y en las esquinas de las calles, para ser vistos de los hombres; de cierto os digo que ya tienen su recompensa. Mas tú, cuando ores, entra en tu aposento, y cerrada la puerta, ora a tu Padre que está en secreto; y tu Padre que ve en lo secreto te recompensará en público. Y orando, no uséis vanas peticiones, como los gentiles, que piensan que por su palabrería serán oídos. No os hagáis, pues, semejantes a ellos; porque vuestro Padre sabe de qué cosas tenéis necesidad, antes que vosotros le pidáis. Vosotros, pues, oraréis así: Padre nuestro que estás en los

cielos, santificado sea tu nombre. Venga tu reino. Hágase tu voluntad, como en el cielo, así también en la tierra. El pan nuestro de cada día, dánoslo hoy. Y perdónanos nuestras deudas, como también nosotros perdonamos a nuestros deudores. Y no nos metas en tentación, mas líbranos del mal; porque tuyo es el reino, y el poder, y la gloria, por todos los siglos. Amén" (Mateo 6:5-13).

Lo más importante aquí es que el Señor enfatiza que nuestro corazón debe ser recto delante de Él cuando oramos. El hipócrita que ora para que otros lo oigan, no será escuchado por Dios. La recompensa que reciben es el placer que les causa que los vean y oigan otros hombres, pero no alcanzan la recompensa del Padre celestial. Dios nos instruye para que oremos desde el lugar secreto de nuestro corazón, esto es lo que significa "entra a nuestro armario". Debemos orar desde el corazón, elevando la petición al Padre, y no hacerlo para que lo oigan los demás.

Los infieles usan vanas repeticiones, y no debemos hacer como ellos. Memorizan oraciones que salen del intelecto pero no brotan del corazón. Creen que el "mucho hablar" les acercará a Dios. Los hindús y musulmanes cantan oraciones así. Algunos usan las cuentas de un rosario mientras repiten los mismos rezos. Dios no está interesado en la cantidad sino en la calidad de las oraciones.

Jesús, en Su oración al Padre, comienza con una actitud de alabanza y pide luego que la voluntad de Dios se haga en la tierra. Presta atención a estas palabras: "en la tierra".

En **2 Corintios 4:6 y 7** se nos llaman "navíos terrestres", y dice, **"Porque Dios, que mandó que de las tinieblas resplandeciese la luz, es el que resplandeció en nuestros corazones, para iluminación del conocimiento de la gloria de Dios en la faz de Jesucristo. Pero tenemos este tesoro en vasos de barro, para que la excelencia del poder sea de Dios, y no de nosotros"**. La voluntad divina debe cumplirse "en nosotros", así como en el cielo.

¿Existe enfermedad, angustia, temor, mal o pecado en el cielo? La respuesta es no, por lo cual no tenemos por qué tener tales cosas morando en nosotros.

Vamos a pedir el pan diario, pero también el alimento espiritual es necesario. Deberíamos recibir el "maná fresco" que viene del Señor cada día y no vivir basados en profecías y palabras que recibimos del Señor ayer.

Pediremos el perdón de nuestros pecados. Entonces también debemos perdonar a quienes nos han ofendido. Podemos bloquear las bendiciones del Señor si no oramos para perdonar a los que actuaron mal con nosotros.

Cada día, vamos a pedir ser librados de todo mal. Roguemos al Señor que nos limpie de toda injusticia y nos libre de todo lo que ofende al Padre. Debemos anticiparnos al diablo, pidiendo al Señor que no nos deje caer en tentación. Si agresivamente hacemos frente a los ataques y tentaciones de Satanás, podremos torcer sus planes antes de que lleguen a nosotros. ¡Nosotros sabemos que él será derrotado porque nuestro Dios tiene el reino, el poder y la gloria verdaderos por siempre! Amén.

La oración intercesora

El Señor nos enseñó a orar no sólo por nuestras necesidades sino también por otros. Lo leemos en **1 Timoteo 2:1-6:**

Exhorto ante todo, a que se hagan rogativas, oraciones, peticiones y acciones de gracias, por todos los hombres; por los reyes y por todos los que están en eminencia, para que vivamos quieta y reposadamente en toda piedad y honestidad. Porque esto es bueno y agradable delante de Dios nuestro Salvador, el cual quiere que todos los hombres sean salvos y vengan al conocimiento de la verdad. Porque hay un solo Dios, y un solo mediador entre Dios y los hombres, Jesucristo hombre, el cual se dio a sí mismo en rescate por todos, de lo cual se dio testimonio a su debido tiempo.

Debemos orar e interceder por todos los hombres. ¿Qué es una oración intercesora? El sustantivo griego "enteuxus" es la palabra para "intercesión". En primer lugar, denota un encuentro con, una conversación, o una petición que se hace de parte de otra persona. La "oración intercesora" es buscar la presencia y la atención de Dios en lugar de otra persona.

Jesús fue el supremo intercesor de todos los tiempos. **Isaías 53:12** registra esta profecía sobre Jesús, **"Por tanto, yo le daré parte con los grandes, y con los fuertes repartirá despojos; por cuanto derramó su vida hasta la muerte, y fue contado con los pecadores, habiendo él llevado el pecado de muchos, y orado por los transgresores".** En **Hebreos 7:25** se habla de Él como el Sumo Sacerdote que aún está intercediendo por nosotros. **"Por lo cual puede también salvar perpetuamente a los que por él se acercan a Dios, viviendo siempre para interceder por ellos".**

El Señor busca hombres y mujeres dispuestos hoy a formar parte de este ministerio junto con Él. Siempre buscó quienes quisieran "pararse en la brecha" por otros. **Ezequiel 22:30 y 31 dice, "Y busqué entre ellos hombre que hiciese vallado y que se pusiese en la brecha delante de mí, a favor de la tierra, para que yo no la destruyese; y no lo hallé. Por tanto, derramé sobre ellos mi ira; con el ardor de mi ira los consumí; hice volver el camino de ellos sobre su propia cabeza, dice Jehová el Señor".**

Dios no quiere que el juicio caiga sobre los hombres. Él anhela que se arrepientan y se vuelvan a Él. Sin embargo, de no arrepentirse, el juicio será inevitable. La oración por otras personas los mueve al arrepentimiento y la búsqueda del Señor. Por esto, Él siempre busca a aquellos que estén dispuestos a llevar la carga de orar por los descarriados para que puedan volverse a Dios. El Señor necesita guerreros espirituales capaces de interceder por otras personas sin ningún tipo de egoísmo. El ministerio de la oración intercesora está permanentemente abierto a los voluntarios que se unirán al Señor para realizar esta tarea. Mediante este ministerio de la oración se puede rodear el mundo, orando por las multitudes que no tienen a nadie que "se pare en la brecha" por ellos. Personalmente creo que el Señor no llama a alguien a un ministerio público si antes el ministerio de la intercesión no se ha vuelto prioritario en su vida. Muchos anhelan hacer algo para Jesús, mientras este importante campo de trabajo permanece abierto. Es cierto que no es tan atractivo como otros ministerios porque a nadie se ve o se aplaude en el lugar secreto de la oración, y tal vez sea por esto que son tan pocos los voluntarios. Aun cuando la gente se interese por servir en este ministerio, con frecuencia existe una falta de conocimiento en cuanto al equipo y las llaves que se precisan para ser eficiente y exitoso.

Algunas de estas llaves se presentan aquí con la esperanza de que, si tu corazón está puesto en Dios y estás dispuesto a convertirte en un intercesor, sepas "cómo" alcanzar muchas victorias. La oración intercesora, por ser un ministerio para otros, no nos beneficia de manera directa. Es esencialmente un ministerio de extensión a través del cual podemos entregar en verdad la vida por los demás. Cuando somos fieles, sacrificando tiempo por otros, el Señor se encarga de nuestras necesidades. Mientras ministramos a otras personas, Él nos ministra. Mientras oramos por los demás, no podemos dejar de mencionar la bendición adicional de estar en comunión con el Señor. En tanto oramos por ellas, no olvidemos la bendición extra de estar en comunión con Dios. A medida que el Espíritu Santo nos indica las maneras en que oraremos por otros, tengamos en cuenta que siempre hará que oremos según Su Palabra.

Las oraciones negativas y el juicio expresado sobre la gente no están en armonía con el Espíritu del Señor. Permanentemente, Dios extiende misericordia y ayuda. Algunos por ignorancia oran para que Dios haga cualquier cosa para que tal o cual persona sea salva. Ellos rezan tales oraciones como, "Señor, si tienes que romperle la espalda para que venga a Ti, hazlo. Jesús, quítale la empresa, o el negocio, pero sálvalo. Dios, si es necesario un accidente de auto para que sea salvo, hazlo. Muéstrales, aunque tengan que enfermarse de cáncer". Son algunos ejemplos de como oran ciertos cristianos ignorantes. Constituyen verdaderos crímenes contra el corazón de Cristo. Él vino a salvar, no a destruir y matar.

Lucas 9:53-56 declara, "Mas no le recibieron, porque su aspecto era como de ir a Jerusalén. Viendo esto sus discípulos Jacobo y Juan, dijeron: Señor, ¿quieres que mandemos que descienda fuego del cielo, como hizo Elías, y los consuma? Entonces volviéndose el, los reprendió, diciendo: Vosotros no sabéis de qué espíritu sois; porque el Hijo del Hombre no ha venido para perder las almas de los hombres, sino para salvarlas. Y se fueron a otra aldea". Nadie es salvo sólo porque se enferma de cáncer. Si fuera cierto, todo el que tuviera cáncer automáticamente se volvería a Dios. Enfermarse de cáncer, o tener un accidente con el auto, jamás ha salvado a nadie. Por otra parte, muchos han muerto y han ido al infierno en tales circunstancias. Es una realidad que algunos se acercan al Señor cuando los golpea la tragedia, pero fue la fortaleza de alguien que oraba por ellos y la misericordia del Espíritu Santo lo que los acercó a Dios, no la tragedia. Sin la convicción del Espíritu Santo, sus pensamientos nunca se habrían dirigido a Dios, ni siquiera en su crisis.

Dios no envía calamidades para atraer la gente a Él. Nos dice en Su Palabra que es el Espíritu de Dios quien "llama" y "atrae" a la gente hacia Él. Esto sucede cuando los cristianos oran. **Juan 6:44** declara, **"Ninguno puede venir a mí, si el Padre que me envió no le trajere; y yo le resucitare en el día postrero".** Gloria a Dios por los intercesores que se paran frente al enemigo y le impiden destruir el alma y la vida de hombres, mujeres y niños que necesitan al Señor.

El ministerio de intercesión es parte fundamental de nuestro andar cristiano, y nunca podremos lograr madurez y ser vencedores si lo descuidamos. Con frecuencia yo empleo las palabras "tarea" y "trabajo" en relación a la oración, porque nunca es fácil ni conveniente orar sin disciplina ni consistencia. Debemos recordar que tenemos un enemigo, el diablo, que constantemente trata de apartarnos de nuestra vida de oración porque él sabe, mejor que muchos cristianos, el daño que la oración ésta causa en sus dominios. Nunca dejemos de orar.

Orar en lenguas

Un arma poderosa de la cual disponemos los cristianos es un modo de oración que ha originado mucha controversia en el cuerpo de Cristo. Aun así, no debería dejarse de lado porque es, definitivamente, una de las llaves del reino. Este valioso tipo de oración consiste en orar en una lengua desconocida u orar en el espíritu. Pablo declara en **1 Corintios 14:14 y 15:**

Porque si yo oro en lengua desconocida, mi espíritu ora, pero mi entendimiento queda sin fruto. ¿Qué, pues? Oraré con el espíritu, pero oraré también con el entendimiento; cantaré con el espíritu, pero cantaré también con el entendimiento.

Debido a la conmoción que las "lenguas" han generado en el cuerpo de Cristo, muchos simplemente no las toman en cuenta. A pesar de esto, ha habido otros muchos temas en la iglesia que han causado problemas, pero no se han dejado de lado por el simple hecho de crear discordia. Debemos resolver el problema, no ignorar el hablar en lenguas. La Biblia debe seguir siendo nuestra norma de la verdad. No podemos eliminar porciones de ella solo porque no las comprendemos.

Pablo escribió a los corintios una carta porque tenían problemas en la iglesia, incluyendo el mismo que tenemos hoy respecto del hablar en lenguas (ver **1 Corintios 14**). En ninguna parte del capítulo, Pablo recomienda descartar este don del Espíritu Santo, sino que se ocupa de corregir el problema. La mayoría de las dificultades relacionadas con el hablar en lenguas surge de la falta de entendimiento sobre el propósito de este precioso don.

Miremos todo el capítulo para despejar la confusión. Comienza diciendo en los **versos 1 y 2, "Seguid el amor; y procurad los dones espirituales, pero sobre todo que profeticéis. Porque el que habla en**

lenguas no habla a los hombres, sino a Dios; pues nadie le entiende, aunque por el Espíritu habla misterios".

De esto podemos ver que cuando hablamos en lenguas no hablamos a los hombres sino a Dios. Es necesario comprender esto, porque muchos no encuentran ningún propósito en el hablar en lenguas y, por lo tanto, no ven la necesidad de este don. Sostienen que el amor es lo único importante en la vida del cristiano. Encontramos dos grupos principales; uno que enfatiza los dones, y otro el fruto del Espíritu. La verdad es, sin embargo, que es necesario poseer ambos. Un ave necesita dos alas para volar.

Las palabras del Señor Jesús, justo antes de Su ascensión al cielo, es decir, después de la resurrección, se conocen como la "Gran Comisión" para la Iglesia. El cumplimiento de esta Gran Comisión requiere tanto el fruto como los dones. Este acontecimiento fue escrito en **Marcos 16:15-20:**

Y les dijo: Id por todo el mundo y predicad el evangelio a toda criatura. El que creyere y fuere bautizado, será salvo; mas el que no creyere, será condenado. Y estas señales seguirán a los que creen: En mi nombre echarán fuera demonios; hablarán nuevas lenguas; tomarán en las manos serpientes, y si bebieren cosa mortífera, no les hará daño; sobre los enfermos pondrán las manos, y sanarán. Y el Señor, después que les habló, fue recibido arriba en el cielo, y se sentó a la diestra de Dios. Y ellos, saliendo, predicaron en todas partes, ayudándoles el Señor y confirmando la palabra con las señales que la seguían. Amén.

Siempre se han considerado importantes las últimas palabras de una persona antes de morir. En este caso, las palabras de nuestro Señor dicen que debemos llevar el evangelio a toda criatura para que pueda creer, ser salvada y bautizada. No se detiene en el mensaje de salvación, sino que prosigue instruyendo a Sus discípulos para que echen fuera demonios, hablen nuevas lenguas, sanen los enfermos, y les dice que nada tendrá poder sobre ellos, ni siquiera el veneno. Él dijo que estas señales seguirían "a los que creen". No dijo que únicamente los apóstoles harían esto, sino todos los que creyeran.

Si este mensaje hubiera sido sólo para los apóstoles, entonces ¿por qué aún hoy predicamos el evangelio? O la Gran Comisión era exclusivamente para los apóstoles, o era para todos los creyentes. En la actualidad, nuestras iglesias dividen esta Comisión, porque son fuertes en la prédica del evangelio, enseñando que es el deber de cada cristiano testificar a otros, pero ignoran la otra mitad, la que alude al hablar en lenguas, sanar los enfermos y echar fuera los demonios. Han estado enseñando la mitad del evangelio, en lugar del "evangelio completo". Hoy, el Señor quiere que las mismas señales que seguían a los primeros creyentes nos sigan a nosotros. Es una confirmación de que Él está con nosotros cuando estas señales son evidentes en nuestra vida.

En varios viajes misioneros tuvimos la oportunidad de que una parte de esta escritura se hiciera muy real para nosotros. Parte del alimento y la bebida que consumíamos podía haber sido mortal para nosotros, pero el Señor la santificaba y no nos enfermábamos, lo que hubiera sucedido si no tuviéramos fe en Su Palabra. Fue toda una lucha para mí con mi formación médica, el mantener la confianza en el Señor porque sabía exactamente qué microorganismos abundaban en aquellas tierras extrañas. Sin embargo, sabíamos que Dios nos había enviado en Su misión, y así como dijo a Sus discípulos que comieran y bebieran lo que les ofrecieran y que nada los dañaría, Su Palabra era tan verdadera y confiable para nosotros como lo fue en el pasado.

Lucas 10:8 y 9 dice, **"En cualquier ciudad donde entréis, y os reciban, comed lo que os pongan delante; y sanad a los enfermos que en ella haya, y decidles: Se ha acercado a vosotros el reino de Dios".** En el **versículo 19** leemos, **"He aquí os doy potestad de hollar serpientes y escorpiones, y sobre toda fuerza del enemigo, y nada os dañará".** Y en **Hebreos 13:8** leemos, **"Jesucristo es el mismo ayer, y hoy, y por los siglos".**

Por supuesto que siempre aparecen extremismos que pervierten la escritura. Así existen hoy algunos grupos ocultistas que realmente emplean serpientes venenosas en sus rituales. Este realmente no era el significado de las palabras del Señor. Él decía que, si una serpiente nos mordía, o si sin saberlo bebíamos veneno, no nos dañaría. Pablo experimentó esta verdad estando en la isla de Malta. **Hechos 28:3-5** narra, **"Entonces, habiendo recogido Pablo algunas ramas secas, las echó al fuego; y una víbora, huyendo del calor, se le prendió en la mano. Cuando los naturales vieron la víbora colgando de su mano, se decían unos a otros: Ciertamente este hombre es homicida, a quien, escapado del mar, la justicia no deja vivir. Pero él, sacudiendo la víbora en el fuego, ningún daño padeció".** Un significado paralelo de esta escritura es que tendremos este poder y esta invulnerabilidad también sobre Satanás y sus demonios, ya que se le conoce como "la Antigua serpiente", el diablo.

"Volvieron los setenta con gozo, diciendo: Señor, aun los demonios se nos sujetan en tu nombre. Y les dijo: Yo veía a Satanás caer del cielo como un rayo. He aquí os doy potestad de hollar serpientes y escorpiones, y sobre toda fuerza del enemigo, y nada os dañará" (Lucas 10:17-19).

El Señor no nos envía a hacer Su obra sin Su poder y Sus dones.

El don de lenguas es una parte importante de nuestra vida de oración porque nos da poder y nos prepara para las batallas espirituales, capacitándonos para orar según el Espíritu nos guía en lugar de depender únicamente de la mente y el entendimiento naturales. Al orar en el Espíritu, no sólo hablamos los misterios de Dios sino que además oramos de acuerdo con Su voluntad. **Romanos 8:27** dice, **"Mas el que escudriña los corazones sabe cuál es la intención del Espíritu, porque conforme a la voluntad de Dios intercede por los santos"**. El Espíritu de Dios dirige nuestro espíritu en cuanto a cómo orar cuando lo hacemos en lenguas. Es una maravillosa bendición, sobre todo cuando no sabemos con exactitud cómo orar acerca de una situación.

No entendemos por qué Dios eligió este método de oración pero, como sucede con otras cosas de la Palabra de Dios que no comprendemos con la mente natural, siguen siendo verdad a pesar de ello. Cuando buscaba este don en particular, una de mis objeciones era que no podía ver por qué necesitábamos hablar en un idioma que no comprendíamos. El Señor hablo a mi corazón y me preguntó si comprendía los misterios de la salvación, entonces le dije que no. Entonces me dijo, "Pero aceptaste la salvación, me recibiste en tu corazón, y fuiste salva aunque no comprendías por qué Jesús tuvo que morir en una cruz por tus pecados". Contesté que sí. Él dijo: "Lo mismo sucede con el Espíritu Santo y el hablar en lenguas; si pides esta bendición, lo recibirás a Él, y Él te dará un idioma celestial con el cual orar y adorar. Verás que tienes gozo, paz, amor y poder en una nueva dimensión."

Hablar en lenguas nos edifica. **1 Corintios 14:3 y 4** declara, **"Pero el que profetiza habla a los hombres para edificación, exhortación y consolación. El que habla en lengua extraña, a sí mismo se edifica; pero el que profetiza, edifica a la iglesia"**. La palabra "edificar" significa "construir"; por lo tanto, orar en lenguas fortalece y eleva nuestro espíritu, en tanto que el don de profecía fortalece y edifica a la iglesia. Cuando oramos en lenguas, somos bendecidos. Oramos en cuanto a nuestro principal problema y necesidad, cualquiera que sea. El

Espíritu Santo conoce mejor que nosotros cuáles son nuestras necesidades. Por ejemplo, no sabemos qué nos espera cada día, pero el Señor sí. Si Él viera que un ataque del enemigo se acerca, podría urgirnos a orar en el espíritu para impedirlo. El Señor conoce cada prueba, dificultad o ataque que se avecina y desea vernos preparados para enfrentarlos y vencer usando esta valiosa herramienta que es la oración en lenguas. Es difícil abrirse a otros cuando tenemos nuestras propias cargas, pero el orar en el espíritu por nuestros problemas nos libera para interceder luego por otras personas.

También podemos usar nuestra lengua desconocida para orar e interceder por otros. Realmente es una poderosa arma contra el diablo. Por ello se esfuerza tanto para que los cristianos no pidan este don. Incluso miente diciendo que el don de lenguas proviene de él, sólo para que la gente no lo reciba y no pueda usarlo en contra de él.

Es cierto que existen falsos dones de lenguas que los da el diablo, y ciertos grupos ocultistas los practican. Satanás siempre, intenta falsificar lo verdadero. Sin embargo, estas falsas lenguas no edifican y son, en verdad, más bien un cántico. Un ejemplo típico sería el "mantra" en la meditación trascendental. Estas lenguas son inspiradas por el diablo, no por el Espíritu Santo. Jamás debemos temer el recibir algo falso del Señor cuando buscamos nuestro don. **Lucas 11:11-13** nos da esta certeza, **"¿Que padre de vosotros, si su hijo le pide pan, le dará una piedra? ¿O si pescado, en lugar de pescado, le dará una serpiente? ¿O si le pide un huevo, le dará un escorpión? Pues si vosotros, siendo malos, sabéis dar buenas dádivas a vuestros hijos, ¿cuánto más vuestro Padre celestial dará el Espíritu Santo a los que se lo piden?"**

A lo largo del **Capítulo 14** de **1 Corintios**, Pablo nos alienta a orar en lenguas y también con el entendimiento. Dice en el **verso 18, "Doy gracias a Dios que hablo en lenguas más que todos vosotros"**. En el **versículo 21**, Pablo menciona el texto de **Isaías 28:11, "Porque en lengua de tartamudos, y en extraña lengua hablaré a este pueblo"**. A veces la gente recibe una hermosa lengua en un idioma que suena extranjero, mientras otros sólo reciben sílabas entrecortadas o unas pocas palabras. No nos desalentemos sea cual sea el sonido que escuchemos. Es hermoso para Dios y viene de Su Espíritu.

Pablo dice en el **verso 5, "Así que, quisiera que todos vosotros hablaseis en lenguas, pero más que profetizaseis; porque mayor es el que profetiza que el que habla en lenguas, a no ser que las interprete**

para que la iglesia reciba edificación". Hablar en lenguas nos edifica, pero sólo edifica al que habla cuando hay una interpretación.

Lo que más confunde de las lenguas es no darse cuenta de que existen dos maneras de hablarlas. Una dada a todos los que las desean y son bautizados en Su Espíritu. La otra es un don de ministerio que se menciona en **1 Corintios 12:30**. En este versículo se hace la pregunta, **"¿... hablan todos lenguas?"** No se refiere a las lenguas que son para todos, sino que se trata de aquellos cristianos llamados a ministrar en lenguas delante de la iglesia. Este ministerio de las lenguas va unido al ministerio de la interpretación, de modo que toda la iglesia pueda ser edificada. El don de lenguas individual es, por supuesto, una llave valiosísima que abre muchas de las puertas que obstaculizan nuestro caminar con el Señor. Si vamos a andar en victoria, necesitamos buscar al Señor y pedirle no solo este don sino todo lo disponible que Él tiene para nosotros en cuanto a hijos Suyos.

La llave de la alabanza

Otra llave que nos permite experimentar la vida del reino es nuestra expresión de la alabanza. El Padre Nuestro comienza con una actitud de alabanza y adoración, cuando dice, **"Padre nuestro que estás en los cielos, santificado sea tu nombre. Venga tu reino. Hágase tu voluntad, como en el cielo, así también en la tierra"** (**Lucas 11:2**). La alabanza es la voluntad de Dios, y hay un fluir celestial en ella. **Apocalipsis 19:5-7** dice, **"Y salió del trono una voz que decía: Alabad a nuestro Dios todos sus siervos, y los que le teméis, así pequeños como grandes. Y oí la voz de una gran multitud como el estruendo de muchas aguas, y como la voz de grandes truenos, que decía: ¡Aleluya porque el Señor nuestro Dios Todopoderoso reina! Gocémonos y alegrémonos y démosle gloria; porque han llegado las bodas del Cordero, y su esposa se ha preparado"**.

Dado que la alabanza se escucha en el cielo continuamente, también nuestras voces deberían elevarse al Señor. Dice **1 Tesalonicenses 5:16-18, "Estad siempre gozosos. Orad sin cesar. Dad gracias en todo, porque ésta es la voluntad de Dios para con vosotros en Cristo Jesús"**. Aquí el Señor nos dice que debemos tener una permanente actitud de gozo, gratitud y oración sin importar las condiciones y circunstancias que nos rodean.

Este versículo no quiere decir que agradezcamos a Dios lo malo y las tragedias que aparecen en el camino de la vida. Significa que debemos permanecer gozosos sin importar lo que suceda porque tenemos al Señor, y en Él somos vencedores más allá de lo que el Diablo intente hacernos. El Señor no quiere que le demos gracias por las cosas malas que nos suceden, porque Él no las envía. Dios no es el autor del mal. No nos amarguemos frente a las circunstancias de la vida sino que continuemos regocijándonos en Él. La voluntad de Dios es que nos regocijemos independientemente de lo que nos suceda. No es Su voluntad que recibamos los males como si provinieran de Él. Es un insulto a Dios dar gracias por los accidentes, las enfermedades, las desgracias. Él no nos manda tales cosas, sino Satanás. Se nos dice que debemos resistir al diablo y someternos al Señor. En **Santiago 4:7** leemos, **"Someteos, pues, a Dios; resistid al diablo, y huirá de vosotros"**. Debemos amar al Señor confiadamente y regocijarnos en Él, a pesar de lo que el diablo quiera hacernos.

Una de las tácticas favoritas de Satanás consiste en enviar algo malo a nuestra vida y echar la culpa a Dios. Si logra que la gente crea que eso proviene del Señor, le resulta más fácil convencerla de la siguiente mentira: que Dios le ha fallado y abandonado. A esto sigue otra mentira, "¿Para qué seguir sirviendo a un Dios que te hace esto?"

El verdadero blanco del diablo es la destrucción de nuestra fe en Dios. Ataca diferentes áreas para engañar diferentes personas.

Nuestras oraciones deberían hacerse con una actitud de alabanza aun en medio de las pruebas. Deberíamos elevar la voz y alabar al Señor así, "Padre, te alabo y te amo. No importa lo que el diablo esté haciéndome, sé que Tú me guiarás a la victoria. Muéstrame qué es lo que debo hacer, Señor. Indícame cuál es la puerta que abrí al enemigo; lo resisto en el nombre de Jesús y le ordeno que se vaya con esta opresión y sus ataques. Jesús, eres Señor de mi vida y me someto a Ti, y nunca te negaré pase lo que pase. Alabado sea Dios".

En lugar de orar así, muchos cristianos caen presas de las mentiras del enemigo, sufriendo y sintiéndose condenados. Comienzan a cuestionar a Dios e incluso se enojan con Él. La falta no está en el Señor sino en nosotros. Perdemos Su victoria complete porque atribuimos los ataques satánicos a Él. También podemos abrir la puerta al enemigo para que nos ataque cuando no tenemos el corazón alegre y gozoso. Podemos quejarnos de Dios y lamentarnos por los reveces de la vida olvidándonos de emplear las armas que Él nos dio para vencer al diablo. Una de las armas más poderosas es la alabanza.

Al escribir los salmos, David expresa gran cantidad de alabanzas al Señor. El **Salmo 34** es ejemplo típico de alabanza, **"Bendeciré a Jehová en todo tiempo; su alabanza estará de continuo en mi boca. En Jehová se gloriará mi alma; lo oirán los mansos, y se alegrarán. Engrandeced al Señor conmigo, y exaltemos a una su nombre. Busqué a Jehová, y él me oyó, y me libró de todos mis temores"**.

Bendigamos al Señor en todo momento, no sólo cuando las cosas marchan bien. También debemos bendecirlo cuando las cosas andan mal. Glorifiquémoslo a Él aun cuando todo parezca derrumbarse alrededor. Nuestra oración debería ser semejante a la plegaria de David. "Padre, te amo y te aprecio. Yo sé que me darás la respuesta que necesito porque eres un Dios bueno y cuidas de mí. Confío en Ti, Señor, sin importar lo que mis ojos naturales vean. Señor, miro a través de los ojos de la fe y creo que me envías la respuesta. Te amo, Señor, no importa lo que suceda". Cuando mantenemos esta actitud de alabanza y fe en medio de las pruebas, siempre salimos victoriosos.

Alabar a Dios cuando no nos sentimos con ánimo para hacerlo es lo que llamamos sacrificio de alabanza. **Hebreos 13:15** dice, **"Así que, ofrezcamos siempre a Dios, por medio de él, sacrificio de alabanza, es decir, fruto de labios que confiesan su nombre"**. Los sentimientos se dividen en el ámbito emocional y almática de nuestro ser. Si esperamos sentir deseos de alabar a Dios, quizás nunca lo hagamos. Nuestro espíritu anhela alabar a Dios porque Su naturaleza está en nosotros, pero el alma se resiste a este deseo hasta que nuestra mente carnal sea completamente renovada en esta área. Por esto es tan importante ir un paso más adelante y alabar a Dios hasta sobrepasar los sentimientos del alma y entrar en el espíritu. Experimentaremos entonces verdadero gozo y la alabanza brotará fácilmente.

El **Salmo 103** es un bello cántico de alabanza, **"Bendice, alma mía, a Jehová, y bendiga todo mi ser su santo nombre. Bendice, alma mía, a Jehová, y no olvides ninguno de sus beneficios. Él es quien perdona todas tus iniquidades, Él que sana todas tus dolencias; Él que rescata del hoyo tu vida, Él que te corona de favores y misericordias; Él que sacia de bien tu boca de modo que te rejuvenezcas como el águila. Jehová es el que hace justicia y derecho a todos los que padecen violencia"**.

David está diciendo, "Alma, bendecirás al Señor sin importar si lo quieres o no hacer". Si comenzáramos las alabanzas en lo natural, muy pronto entraríamos en el Espíritu y todo nuestro ser bendeciría a Dios, así como David, dijo que todo lo que estaba dentro de él habría de bendecir al Señor. ¿Qué beneficios recibimos del Señor? Perdona nuestros pecados, sana todas las enfermedades, nos muestra Su amor y Su bondad, nos otorga favores, nos provee buenas cosas para comer, nos devuelve fuerza y juventud, nos libera de opresiones y hace justicia con nosotros. Tenemos tanto por lo cual alabar a Dios. Él es nuestro maravilloso y amoroso Padre.

La alabanza es un método precioso que podemos utilizar para traer sanidad y liberación a nuestra alma y cuerpo. Muchos viven deprimidos en estos días. Una de las formas más rápidas de ser librado de la depresión es alabando al Señor. Debemos hacer que nuestra alma bendiga al Señor aun cuando no nos sentimos bien. Esto nos dará liberación y sanidad.

El **Salmo 30:1-4** declara, **"Te glorificaré, oh Jehová, porque me has exaltado, y no permitiste que mis enemigos se alegraran de mí. Jehová Dios mío, a ti clamé y me sanaste. Oh Jehová, hiciste subir mi alma del Seol; me diste vida, para que no descendiese a la sepultura. Cantad a Jehová, vosotros sus santos, y celebrad la memoria de su santidad".**

Cantar al Señor también puede producir rápido alivio del desaliento y la opresión. Cuando esa horrible sensación de apatía viene a nosotros, sentimos como si estuviéramos en el "hoyo". Cantar alabanzas puede ser el camino para salir de ese hoyo. La música es importante en un servicio de alabanza y todos, alguna vez, hemos sentido que nuestro corazón se elevaba cantando y rezando en la iglesia. No tenemos que esperar hasta otro servicio para recibir el mismo beneficio. Dejemos que la alabanza brote de nuestro corazón donde quiera que estemos.

En el Antiguo Testamento se relata acerca de una batalla que ganó el pueblo de Dios, simplemente porque un grupo de cantantes designados marchaba delante del ejército mientras iban a la batalla. Cantaban y alababan al Señor, y Dios peleó por ellos. Lograron la victoria antes de desenvainar una sola espada.

2 Crónicas 20:21 y 22 nos cuenta, **"Y habido consejo con el pueblo, puso a algunos que cantasen y alabasen a Jehová, vestidos de ornamentos sagrados, mientras salía la gente armada, y que dijesen: Glorificad a Jehová, porque su misericordia es para**

siempre. Y cuando comenzaron a entonar cantos de alabanza, Jehová puso contra los hijos de Amón, de Moab y del monte de Seir, las emboscadas de ellos mismos que venían contra Judá, y se mataron los unos a los otros".

Podemos ganar nuestras batallas a través de la alabanza.

El **Salmo 22:3** declara que Dios habita en medio de las alabanzas de Su pueblo. **"Pero tú eres santo, tú que habitas entre las alabanzas de Israel"**. Mientras cantamos y alabamos a Dios, comenzamos a sentir la presencia del Señor. También puede ser beneficioso escuchar música cristiana cuando peleamos una batalla espiritual. Liberará nuestro espíritu también. Al bendecir y alabar a Dios notamos que otra gente que nos rodea responde al mismo espíritu. Del mismo modo, cuando nos quejamos y lamentamos, exudamos esa clase de espíritu y alejamos a la gente porque nadie quiere estar junto a un pesimista. Las personas solas y llenas de autocompasión no han encontrado la llave de la alabanza en su vida. Les falta el gozo del Señor y no resultan buena compañía. Al regocijarnos en Él, transmitimos un espíritu de gozo a los demás. Cuando nos quejamos, esto obra en contra de nosotros mismos. A nadie le gusta estar con alguien que lo desanima. Bendigamos y alabemos todos a Dios y conquistaremos al enemigo en tan importante área.

Los vencedores en el libro de Apocalipsis son alabadores, y entonan un cántico nuevo delante del trono. Los ciento cuarenta y cuatro mil representan a las tribus de Israel. Una de ellas es la tribu de Judá. El nombre Judá significa "alabanza". Vemos claramente que uno de los atributos de los ciento cuarenta y cuatro mil es la actitud de alabanza (**Apocalipsis 7 y 14**). La alabanza es una característica celestial y, si vamos a ser vencedores, debemos esforzarnos por poseer tal cualidad.

La llave del dolor

Una llave que podría parecer contradictoria después de referirnos a la alabanza es la oración con dolor. ¿Qué es? Es llorar en el Espíritu y puede asumir diversas manifestaciones. Antes de referirnos a este tema, miremos la definición bíblica de **Juan 16:20-22, "De cierto, de cierto os digo, que vosotros lloraréis y lamentaréis, y el mundo se alegrará; pero aunque vosotros estéis tristes, vuestra tristeza se convertirá en gozo. La mujer cuando da a luz, tiene dolor, porque ha llegado su hora; pero después que ha dado a luz un niño, ya no se acuerda de la** angustia, por el gozo de que haya nacido un hombre en el mundo. También vosotros ahora tenéis tristeza; pero os volveré a ver, y se gozará vuestro corazón, y nadie os quitará vuestro gozo".

Jesús, al hablar aquí a Sus discípulos, les deja una hermosa promesa. Les dice que se va, pero que no quedarán sin consuelo porque Su plan es enviar al Espíritu Santo. Más tarde llorarán Su partida pero, cuando experimentan el nuevo nacimiento y son llenos del Espíritu Santo, se regocijarán.

La oración con dolor es una forma de expresar la pena, el dolor del corazón de Dios. Tiene también un significado paralelo al aplicarlo a la oración que clama a Él. Quizás entendamos mejor si nos damos cuenta de que ahora tenemos el Espíritu Santo viviendo en nosotros, y Él ha elegido usar nuestra boca para hablar por Él. Dado que ha elegido usarnos en Su grandioso plan para difundir el evangelio, utiliza también nuestra boca para dar testimonio a otros y nuestras manos para ayudarlos. Otra preciosa verdad que con frecuencia se descuida es que Él también usa nuestro corazón y nuestras emociones para llorar y lamentarse. El Espíritu de Dios expresa Su dolor de esta manera.

La mayoría de los cristianos ha experimentado esto sin saber que era una obra del Espíritu Santo. Al convertirse, a veces lloraron y sintieron dolor por sus pecados. Más tarde sintieron una carga por la salvación y liberación de otros, y clamaron por ellos. Esta es la oración con dolor en el Espíritu. Cuando tenemos una carga por alguien y sentimos pena, habitualmente es el Espíritu Santo gimiendo a través de nosotros por su situación.

Hay otra forma de llorar, gemir y clamar pero es en la carne y proviene de nuestro egoísmo, es consecuencia de la autocompasión. Los dolores carnales siempre se interesan por el yo. Cuando lloramos en el Espíritu expresamos el dolor de Dios por otros. En **2 Corintios 7:10** leemos, **"Porque la tristeza que es según Dios produce arrepentimiento para salvación, de que no hay que arrepentirse; pero la tristeza del mundo produce muerte"**. Si lloramos por autocompasión, sentiremos depresión y temor; pero el llorar en el Espíritu nos trae vida y gozo cuando termina. Como la mujer que llora y gime para dar a luz, durante el parto, pero se regocija tan pronto como nace el bebé.

Hacemos lo mismo cuando nos rendimos al Espíritu y aceptamos las cargas de la oración por otras personas. El corazón de Dios siente una carga por la gente de este mundo, y Él está buscando aquellos corazones a través de los cuales Él pueda llorar y gemir por los corazones interesados por un mundo perdido y moribundo. Así, en esencia la oración con el dolor se da cuando lloramos, clamamos y gemimos por algo que el Espíritu Santo siente pena. Jesús dijo que los discípulos llorarían y se lamentarían por un tiempo, pero que más tarde esa pena se transformaría en gozo.

El orar con el dolor opera según este mismo principio. No comprendemos la totalidad de los principios que se encuentran en la Palabra de Dios ni por qué operan, pero lo funcionan porque son parte de Su plan. Este principio olvidado, que es a la vez una llave, es de fundamental importancia para ver las cosas nacidas" en el Espíritu. Cuando lloramos y gemimos mientras intercedemos por otras personas ante Dios, algo se rompe en el Espíritu y, de ese modo, la respuesta puede llegar a sus vidas. Si necesitan salvación, sanidad, un milagro, liberación o cualquier cosa que fuera, este "dolor" en el Espíritu los desata, los suelta para que puedan recibir lo que necesitan. El **Salmo 126:5 y 6** dice que, **"Los que sembraron con lágrimas, con regocijo segarán. Irá andando y llorando el que lleva la preciosa semilla; mas volverá a venir con regocijo, trayendo sus gavillas".**

A veces este espíritu de dolor no se expresa con lágrimas o sollozos visibles, pero sucede en lo profundo de nosotros y no puede comunicarse a través de las palabras. Sentimos en nuestro interior el dolor por otros. **Romanos 8:26 y 27** declara:

Y de igual manera el Espíritu nos ayuda en nuestra debilidad; pues qué hemos de pedir como conviene, no lo sabemos, pero el Espíritu mismo intercede por nosotros con gemidos indecibles. Mas el que escudriña los corazones sabe cuál es la intención del Espíritu, porque conforme a la voluntad de Dios intercede por los santos.

El Señor busca corazones dispuestos a interceder, y muchas veces los usará "con dolores indecibles".

También gemimos por nuestras enfermedades, nuestras debilidades morales y físicas. Después de recibir el Espíritu Santo, muchos tienen un ataque de llanto y gemidos mientras Él les purifica el espíritu y el alma, los lava con el agua de sus lágrimas. Estamos tan llenos de las cosas de este mundo y de pecados del pasado que necesitamos esta purificación.

No deberíamos resistirnos a esto, sino abrir nuestro ser para ser limpios y alcanzar gozo y paz.

No se nos ha enseñado mucho en este sentido; por eso, muchas veces cuando el Señor quiere poner una carga por alguien o por algo en nosotros, no nos damos cuenta de lo que es y pensamos que algo anda mal en nosotros. Oramos para sentir la carga por las almas perdidas y cuando la tenemos, reprendemos al Espíritu Santo pensando que es el enemigo, porque no comprendemos la forma de carga que adopta la oración con gemidos. Frecuentemente nos deprimimos sin un motivo lógico y, al no reconocer esto como una carga para clamar dolor, soportamos o lo ignoramos en vez de orar hasta que cese. El Señor quiere que oremos y cuando lo hacemos, no sólo nos abandona el sentimiento de depresión sino que se rompen las barreras espirituales y podemos ir más allá intercediendo por alguien. El Señor también pone personas sobre nuestro corazón o en nuestra mente, y debemos ser sensibles al Espíritu para darnos cuenta de lo que el Señor nos dice sobre ellas. Pueden necesitar de oración, y tal vez el Espíritu quiere que oremos y por eso las trae a nuestra memoria. Esto es particularmente cierto cuando permanecen en nuestros pensamientos por un rato, o un tiempo. Orar en el Espíritu de esta forma es una herramienta valiosísima.

Podemos tener una carga por alguien y no conocer su necesidad. Entonces deberíamos orar hasta sentirnos libre de ese peso. A veces obtenemos la victoria en pocos minutos, pero no siempre es así. Al ser guiados por el Espíritu, Él dirige nuestra vida de oración. Jamás nos pone una carga tan pesada que nos impida sentirnos libres de ella al orar. El Señor sabe que tenemos que cumplir las tareas cotidianas, así a veces nos pone una carga que viene y va para que podamos orar cuando es intensa sin descuidar nuestros asuntos personales. Hay un tiempo para doler, para trabajar y para alabar. El Espíritu de Dios nos dará equilibrio en todo si somos sensibles a Él. **"Tiempo de llorar, y tiempo de reír; tiempo de endechar, y tiempo de bailar"** (Eclesiastés 3:4).

¿Qué propósito tiene el orar con dolor? Dar a luz hijos espirituales. **Isaías 66:8** dice, **"...pues en cuanto Sion estuvo de parto, dio a luz sus hijos"**. En la Palabra de Dios, se llama Sion, al pueblo de Dios, a los cristianos y es una referencia espiritual. A medida que dolemos, nacen cosas en el Espíritu. Muchas almas han "nacido de nuevo" por el dolor de alguien. Suceden cosas cuando oramos y dolemos.

Pablo fue un hombre que oraba con dolor. **"Hijitos míos, por quienes vuelvo a sufrir dolores de parto, hasta que Cristo sea formado en vosotros"** (Gálatas 4:19). Ya había dolido para que nacieran en el reino de Dios, y ahora sufría "dolores de parto" para que la obra fuera completa y Cristo fuera formado en ellos. Pablo sabía que el destino de los creyentes bebés era, en última instancia, llegar a la plenitud de Cristo. Aquellos niños pequeños no seguirían siendo "bebés", pero debía conducirlos a la madurez como hijos de Dios. El dolor produce hijos.

Orar con dolor es también una forma de sufrir por Cristo porque elegimos soportar la pena en nuestro corazón para que otros puedan ser libres. Nuestra carne sufre, pero aun así produce vida en otros. Pablo estaba dispuesto a hacer esto por Cristo. **"Ahora me gozo en lo que padezco por vosotros, y cumplo en mi carne lo que falta de las aflicciones de Cristo por su cuerpo, que es la iglesia"** (Colosenses 1:24).

El dolor puede tener muchas formas, con diferentes niveles de profundidad del dolor. Tal vez leves sensaciones de pesadez y depresión, o un sentimiento generalizado de peso, o carga. Algunos sollozan, lloran, lanzan quejidos o lamentos o gemidos. Otros hasta experimentan síntomas parecidos al del parto, sienten dolores y puntadas al corazón al orar con el dolor profundo. Cualquiera de estos sentimientos y sensaciones puede darse solo o en combinación con otros.

Ejemplos de estas experiencias pueden encontrarse en la vida de los santos de la Biblia. Daniel era un santo que sufrió dolores en el espíritu. **"Se me turbo el espíritu a mí, Daniel, en medio de mi cuerpo, y las visiones de mi cabeza me asombraron" (Daniel 7:15).** En este versículo se le ve llorando en el espíritu; también en **Daniel 8:27 y l0:8.** Lo encontramos sin fuerzas, apunto de desmayarse, sintiéndose enfermo, debilitando en el momento de la oración. Pero se recobró y se sintió bien después de orar. Ana es otro ejemplo de una santa con dolores. Encontramos su historia en **1 Samuel 1:5-18.** La vemos llorando en tan profunda agonía que el sacerdote la acusa de haber bebido.

"Ella con amargura de alma oró a Jehová, y lloró abundantemente" (1 Samuel 1:10). En los **versículos 13 al 15** le, "Pero Ana hablaba en su corazón, y solamente se movían sus labios, y su voz no se oía; y Elí la tuvo por ebria. Entonces le dijo Elí: ¿Hasta cuándo estarás ebria? Digiere tu vino. Y Ana le respondió diciendo: No, señor mío, yo soy una mujer atribulada de espíritu; no he bebido vino ni sidra, sino que he derramado mi alma delante de Jehová".

El clamor y los gemidos dolorosos de Ana dieron a luz un hijo en su vida. Nuestros gemidos producirán hijos espirituales.

La mayor parte de la oración con el dolor en el espíritu sucede privadamente, porque quienes no están caminando en el Espíritu no comprenden esta experiencia. Cuando nuestro entendimiento se abra a esta verdad divina que está en Su Palabra, más y más grupos de creyentes intercederán con un espíritu de dolor indecible sobre ellos, compartiendo la carga como miembros de un mismo cuerpo.

El grado y la profundidad del dolor van de lo más leve a lo más profundo. Cuando brota desde el fondo del ser va acompañado por un sentimiento real de estar dando a luz, con los mismos dolores que la mujer experimenta en el trabajo de parto, cuando está dando a luz. Estos "dolores de parto" son comunes tanto a hombres como mujeres. En el espíritu no hay ni masculino ni femenino. Dice **Gálatas 3:28, "Ya no hay judío ni griego; no hay esclavo ni libre; no hay varón ni mujer; porque todos vosotros sois uno en Cristo Jesús".** Las Sagradas Escrituras deben respaldar siempre nuestras experiencias espirituales. ¿Dónde se encuentra esto en Su Palabra? **Jeremías 30:5 y 6** ofrecen el relato de hombres que, al igual que las mujeres, sufren dolores de parto, **"Porque así ha dicho Jehová: Hemos oído voz de temblor; de espanto, y no de paz. Inquirid ahora, y mirad si el varón da a luz; porque he visto que todo hombre tenía las manos sobre sus lomos, como mujer que está de parto, y se han vuelto pálidos todos los rostros".** Vemos que después de esta experiencia de dolor fueron librados del yugo del cuello, fueron quebradas las coyundas, fueron libres para servir al Señor. El dolor dio lugar a la liberación de esos hombres.

Si nuestra pregunta es si será el Señor quien nos pone una carga para orar con gemidos en el espíritu o si es el enemigo tratando de deprimirnos, simplemente busquemos a Dios para la respuesta. La oración es el camino para liberarnos a nosotros mismos de todo tipo de depresión. Al empezar a orar, El Señor nos mostrará si la depresión está en nosotros o si tenemos la carga de interceder por alguien. Al someternos a Dios y resistir al diablo, alcanzaremos la victoria.

Una narración que muestra a Jesús orando con el dolor se encuentra en **Juan 11:32-44**. Todos conocemos el relato de Jesús resucitando a Lázaro, pero muchos no hemos notado el dolor que precedió al milagro. Desde el **verso 32** leemos:

María, cuando llegó donde estaba Jesús, al verle, se postró a sus pies, diciéndole: Señor, si hubieras estado aquí, no habría muerto mi hermano. Jesús entonces, al verla llorando, y a los judíos que la acompañaban, también llorando, se estremeció en espíritu y se

conmovió, y dijo: ¿Dónde le pusisteis? Le dijeron: Señor, ven y ve. Jesús lloró.

El Señor sentía tan tremenda carga que no sólo lloró sino que "se estremeció en espíritu y se conmovió". Ciertamente, no lloraba porque Lázaro estaba muerto porque Él sabía que iba a devolverle la vida. Lloraba en el espíritu, rompiendo las ligaduras de Satanás, para que el milagro sucediera y Lázaro resucitara. El **verso 38** dice, **"Jesús, profundamente conmovido otra vez, vino al sepulcro. Era una cueva, y tenía una piedra puesta encima. Dijo Jesús: Quitad la piedra. Marta, la hermana del que había muerto, le dijo: Señor, hiede ya, porque es de cuatro días. Jesús le dijo: ¿No te he dicho que si crees, verás la gloria de Dios?"** Aún estaba hondamente con el dolor cuando llegó a la tumba. Entonces pronunció las palabras para que Lázaro saliera de la tumba y sucedió el milagro, porque el hombre se levantó de entre los muertos.

El dolor más grande de todos los tiempos fue el dolor del alma del Señor, en el Huerto de Getsemaní, antes de ir a la cruz por los pecados del mundo.

"Y él se apartó de ellos a distancia como de un tiro de piedra; y puesto de rodillas oró, diciendo: Padre, si quieres, pasa de mí esta copa; pero no se haga mi voluntad, sino la tuya. Y se le apareció un ángel del cielo para fortalecerle. Y cuando en agonía, oraba más intensamente; y era su sudor como grandes gotas de sangre que caían hasta la tierra" (Lucas 22:41-44).

Esta oración hecha en agonía del alma fue tan tremendamente dolorosa que hizo que Jesús sudara sangre. Sabía lo que le esperaba en la cruz del Calvario. Jamás hubiera podido enfrentar la crucifixión sin haber orado antes alcanzando la victoria en el espíritu. Este rezo de gran dolor le dio serenidad y valor para hacer frente a los traumáticos hechos del día posterior. Jesús había logrado la victoria en el espíritu antes de enfrentar al enemigo en la carne.

Nosotros también podemos aprender de esto a luchar nuestras propias batallas en el espíritu, así no tendremos que recurrir a medios carnales para resolver los problemas. Suceden cambios cuando oramos y sufrimos el dolor, estremecidos en el espíritu. Cuando Sion estuvo en el dolor, niños fueron traídos. El Señor quiere que tomemos Sus cargas como propias, porque al hacerlo nos identificaremos con Él en Su sufrimiento. **2 Timoteo 2:12** dice que, **"Si sufrimos, también reinaremos con él; si le negaremos, él también nos negará"**. A medida que nos disponemos a sufrir con Él e interceder doliendo en el espíritu, también reinaremos con Él alcanzando la recompensa del gozo cuando veamos que los dolores de nuestra alma dan frutos, como sucedió con Jesús.

Isaías 53:11 y 12 declaran, **"Verá el fruto de la aflicción de su alma, y quedará satisfecho; por su conocimiento justificará mi siervo justo a muchos, y llevará las iniquidades de ellos. Por tanto, yo le daré parte con los grandes, y con los frutos repartirá despojos; por cuanto derramó su vida hasta la muerte, y fue contado con los pecadores, habiendo él llevado el pecado de muchos, y orado por los transgresores".**

Los verdaderos intercesores tienen el espíritu de dolores que vienen sobre ellos, porque en verdad se trata de una de las llaves que traerán el reino de Dios a la tierra. Los vencedores serán hombres y mujeres que experimentarán las mismas penas que nuestro Señor experimentó y su herencia será la misma de Jesús.

Apocalipsis 21:4-7 nos dice, **"Enjugará Dios toda lágrima de los ojos de ellos; y ya no habrá muerte, ni habrá más llanto, ni clamor, ni dolor; porque las primeras cosas pasaron. Y el que estaba sentado en el trono dijo: He aquí, yo hago nuevas todas las cosas. Y me dijo: Escribe; porque estas palabras son fieles y verdaderas. Y me dijo: Hecho está. Yo soy el Alfa y la Omega, el principio y el fin. Al que tuviere sed, yo le daré gratuitamente de la fuente, del agua de la vida. El que venciere heredará todas las cosas, y yo seré su Dios, y él será mi hijo".**

En **Ezequiel 9** leemos que el Señor pide que todos los hombres que gimen y claman en oración reciban una marca, porque llevan la carga por la condición del pueblo de Dios. Los intercesores recibían la "señal en la frente" de parte de Dios, siendo así protegidos cuando llegue el juicio sobre el pecado. También podemos ser librados al clamar y sentir el dolor por otros. La oración con el dolor en el espíritu es un arma poderosa.

La llave del ayuno

Otra llave casi perdida para la iglesia moderna y que algunos suponen que sólo era para la iglesia de la antigüedad es el ayuno. Analizando la Palabra de Dios, vemos que el Señor nunca dejó a un lado el principio del ayuno, sino que es el hombre quien ha intentado hacerlo obsoleto. El ayuno es todavía una llave válida que puede usarse para atraernos a la vida del reino.

¿Qué es el ayuno? Es otro medio a través del cual podemos sufrir por el Señor, al abstenernos voluntariamente de ingerir alimentos. El ayuno bíblico produce resultados espirituales, no se hace simplemente con propósitos físicos.

Los médicos hoy en día están descubriendo los beneficios físicos que aporta a organismos esta práctica y sostienen que la abstención de sólidos (no de agua) durante varios días tiene un poderoso efecto purificador para el cuerpo. Muchas impurezas se eliminan en el organismo al negarle alimentos, dando más lucidez a la mente, purificando y sanando nuestro cuerpo. Incluso la naturaleza nos muestra que el ayuno es buena medicina cuando, automáticamente, perdemos el apetito al enfermarnos. Mucha gente del mundo practica el ayuno y ha descubierto que no sólo es saludable sino que además es una muy buena manera de perder peso rápidamente. Sin embargo, aunque podemos disfrutar de estos beneficios al ayunar, los cristianos ayunamos fundamentalmente por razones espirituales más que por motivos de salud. La obediencia a los principios espirituales puede producir resultados físicos positivos, pero son bendiciones adicionales. Incluso las personas que tienen bajo peso que ayunan con propósitos espirituales han aumentado de peso después de terminar sus ayunos.

El Señor nos dice en **Mateo 6:16-18** que, cuando ayunemos, debemos hacerlo para el Señor, y no nos dice "si" ayunamos.

"Cuando ayunéis, no seáis austeros, como los hipócritas; porque ellos demudan sus rostros para mostrar a los hombres que ayunan; de cierto os digo que ya tienen su recompensa. Pero tú, cuando ayunes, unge tu cabeza y lava tu rostro, para no mostrar a los hombres que ayunas, sino a tu Padre que está en secreto; y tu Padre que ve en lo secreto te recompensará en público" (Mateo 6:16-18). Podemos ver que las motivaciones del ayuno deben ser puras, no hacerlo para comentarlo sino ayunar en silencio y con simpleza para no atraer la atención de los demás. Debemos presentarnos tal como si no estuviéramos ayunando. Aunque hay excepciones, como cuando se ayuna en grupo con un fin específico, porque debe anunciarse para que todos participen. Lo vemos en **Joel 1:14, "Proclamad ayuno, convocad a asamblea; congregad a los ancianos y a todos los moradores de la tierra en la casa de Jehová vuestro Dios, y clamad a Jehová"**. Dios quiere que nuestro ayuno sea hecho para Él, no como una demostración ante los hombres. La actitud del corazón debe ser correcta y pura para que haya resultados espirituales.

Jesús, al ayunar, dio ejemplo para que lo imitemos. Dice **Mateo 4:1-4, "Entonces Jesús fue llevado por el Espíritu al desierto, para ser tentado por el diablo. Y después de haber ayunado cuarenta días y cuarenta noches, tuvo hambre. Y vino a él el tentador, y le dijo: Si eres Hijo de Dios, di que estas piedras se conviertan en pan. El respondió y dijo: Escrito está: No solo de pan vivirá el hombre, sino de toda palabra que salga de la boca de Dios".**

Aquí vemos que el Señor bebía agua pero no ingería alimento, porque dice que después de cuarenta días tuvo hambre. El ayuno normal es sin comida sólida, pero tomando agua.

La Biblia también menciona ayunos absolutos. Saúl al convertirse comenzó un ayuno completo de tres días, sin alimentos ni agua, lo leemos en **Hechos 9:9, "...donde estuvo tres días sin ver, y no comió ni bebió"**. El cuerpo puede subsistir cierta cantidad de días sin comida, pero no puede mantenerse sin agua. La Biblia no registra ningún caso de ayuno total que dure más de tres días, excepto el relato sobre Moisés que pasó cuarenta días y noches en la cima del monte Sinaí (Horeb) sin alimentos ni agua. **Éxodo 34:28 y 29** narra, **"Y él estuvo allí con Jehová cuarenta días y cuarenta noches; no comió pan, ni bebió agua; y escribió en las tablas las palabras del pacto, los diez mandamientos. Y aconteció que descendiendo Moisés del monte Sinaí con las dos tablas del testimonio en su mano, al descender del monte, no sabía Moisés que la piel de su rostro resplandecía, después que hubo hablado con Dios".**

Podemos ver que porque Moisés estuvo en la misma presencia de Dios, y esa presencia lo sostuvo de tal modo que no necesitó comer ni beber. Por supuesto que este es un ayuno excepcional.

El Señor no fijó duración específica para el ayuno pero, partiendo de Sus enseñanzas, deducimos que Él ciertamente quiere que ayunemos.

En **Lucas 5:34 y 35** leemos que Él les dijo, **"¿Podéis acaso hacer que los que están de bodas ayunen, entre tanto que el esposo está con ellos? Más vendrán días cuando el esposo les será quitado; entonces, en aquellos días ayunarán".**

Se puede ayunar por una comida, o por un día, un mes, o el tiempo que Dios indique. Depende de la forma en que nos habla el Espíritu Santo. Los ayunos cortos son más fáciles de cumplir hasta que desarrollemos "músculos espirituales". Un libro que recomendamos es "El Ayuno Elegido por Dios", escrito por Arthur Wallis. Es una guía espiritual y práctica para el ayuno. Un ayuno de tres días es muy beneficioso como purificación espiritual. Un ejemplo, el caso de Pablo apenas convertido. Después de tres días de purificación, recibió el Espíritu Santo y recobró la visión cuando Ananías impuso manos sobre él **(Hechos 9:17 y 18)**. También nosotros podemos purificarnos espiritualmente con el ayuno y recibir más del Espíritu del Señor, abriendo los ojos espirituales a nuevas dimensiones. Tres días de ayuno son particularmente beneficiosos para romper cualquier hábito de adicción.

Entonces, aquí tenemos dos motivos para ayunar: recibimos purificación espiritual y son abiertos nuestros ojos espirituales, pero además logramos la victoria sobre el diablo. Cuando Jesús enfrentó a Satanás, pudo vencerlo porque Su prolongado ayuno le había dado fortaleza espiritual. **Isaías 58:6** también da luz sobre este propósito del ayuno, "**¿No es más bien el ayuno que yo escogí, desatar ligaduras de impiedad, soltar las cargas de opresión, y dejar ir libres a los quebrantados, y que rompáis todo yugo?**" Muchos creen que el ayuno es para mover la mano de Dios, cuando en realidad es para que Satanás suelte aquellas cosas que está reteniendo.

El ayuno desata las ligaduras de impiedad. Cuando Jesús aludió a las llaves del reino, nos dijo que atáramos y desatáramos. Cuando ayunamos, desatamos las ataduras de impiedad, desligamos pesadas cargas, liberamos a los cautivos y quebramos todo yugo del enemigo. El ayuno es una llave importante para alcanzar la victoria frente a situaciones difíciles que parecen no responder a la oración normal.

Ayunar edifica nuestra fe. De hecho, esto es lo que dijo Jesús al dirigirse a Sus discípulos en **Mateo 17:21**, respondiendo a la pregunta sobre la causa que les impedía echar fuera un demonio de un niño. El Señor dijo, "**Pero este género no sale sino con oración y ayuno**". Estaba diciendo que, si ellos querían que su fe tuviera tal nivel que les permitiera echar fuera demonios, debían ayunar y orar para que esa fe creciera.

El ayuno también ayuda para que nos sea más fácil escuchar la voz de Dios. Encontramos un relato sobre esto en **Hechos 13:2 y 3**, "**Ministrando éstos al Señor, y ayunando, dijo el Espíritu Santo: Apartadme a Bernabé y a Saulo para la obra a que los he llamado.**

Entonces, habiendo ayunado y orado, les impusieron las manos y los despidieron".

Mientras ayunaban, el Espíritu Santo les habló y dio directivas. Nosotros también podemos ser guiados por el Señor si lo buscamos a través del ayuno y la oración.

Ayuno y dolor se relacionan íntimamente en la Biblia. Encontramos dos ejemplos de esto en Esdras y Nehemías. **"Se levantó luego Esdras de delante de la casa de Dios, y se fue a la cámara de Johanán hijo de Eliasib; e ido allá, no comió pan ni bebió agua, porque se entristeció a causa del pecado de los del cautiverio" (Esdras 10:6). "Cuando oí estas palabras me senté y lloré, e hice duelo por algunos días, y ayuné y oré delante del Dios de los cielos" (Nehemías 1:4).**

Por estas escrituras vemos que el ayuno y el dolor iban juntos. Ambos hombres ayunaron por el arrepentimiento del pueblo de Dios. Cuán grande es hoy nuestra necesidad de esta clase de intercesores. Estos hombres sentían tan tremenda carga por el pecado de la gente que ayunaban, sentían dolor mientras oraban.

En este tiempo, Dios está buscando personas dispuestas a tomar la misma carga en el Espíritu. Después de ser llenos con el Espíritu Santo, muchos están ansiosos por hacer algo para el Señor; sin embargo, a causa de la falta de enseñanzas correctas, terminan haciendo obras de la carne en vez de las obras del Espíritu. Las obras hechas por nuestra propia fuerza son estériles, pero las inspiradas por el Espíritu son fructíferas y dan resultados positivos. La oración es una obra en el Espíritu, por eso no es fácil orar. Orar con dolor y ayunar son obras en el Espíritu. Testificar bajo la guía de Dios es una obra espiritual. Dios está buscando obreros listos para trabajar para Él. **"Entonces dijo a sus discípulos: A la verdad la mies es mucha, más los obreros pocos. Rogad, pues, al Señor de la mies, que envíe obreros a su mies" (Mateo 9:37 y 38).** Dios está buscando obreros, personas cuya tarea produzca resultados eternos. El trabajar en el Espíritu hace que muchos entren al reino de Dios y crea gran crecimiento a la iglesia.

El ayuno es también una de esas tareas, es una forma de afligir el alma. **Isaías 58:3** dice, **"¿Por qué, dicen, ayunamos, y no hiciste caso; humillamos nuestras almas, y no te diste por entendido?...".** Al afligir el alma, decimos a nuestra carne "estás exigiendo comer, pero Cristo es más grande que este deseo de mi alma; mi espíritu gobernará mi alma, y mi alma no deberá tener dominio sobre mí".

Muchos viven esclavizados por sus apetitos porque nunca se negaron nada a sí mismos. El Señor quiere que seamos controlados por el Espíritu, no por la carne. Al ayunar, nuestra carne se sujeta al Espíritu. **Mateo 4:4** dice, **"El respondió y dijo: Escrito está: No sólo de pan vivirá el hombre, sino de toda palabra que sale de la boca de Dios".**

El ayuno es también una manera de ministrar al Señor. En **Hechos 13:2** leemos que ellos ministraban al Señor y ayunaban. Es una manera de ofrecer a Dios el tiempo que habitualmente pasamos comiendo, haciendo oración. El estar con Él, hace que las cosas sucedan en el Espíritu.

No comprendemos este principio, así como tampoco entendemos otros misterios de la Biblia, pero sabemos que al aplicarlo obtenemos resultados. Hay mucho que no entiendo con mi mente natural pero lo recibo por la fe, porque la Palabra de Dios declara que es la verdad. Si Su Palabra lo dice, entonces así es. Tampoco entiendo por qué Jesús tenía que morir en la cruz para salvarnos por nuestros pecados. No obstante, porque creo que Él lo hizo y acepté Su perdón en mi corazón, "nací de nuevo". De igual manera, no comprendo todos los principios del ayuno, pero estoy segura de que sirven.

Hemos mencionado el ayuno absoluto, y el ayuno normal, pero también debemos mencionar el ayuno parcial. Consiste en restringir la ingesta de alimentos, pero no abstenerse por completo. Tenemos un relato de esto en **Daniel 10:2 y 3, "En aquellos días yo, Daniel, estuve afligido por espacio de tres semanas. No comí manjar delicado, ni entró en mi boca carne ni vino, ni me ungí con ungüento, hasta que se cumplieron las tres semanas".**

Daniel hizo ayuno parcial por tres días, eliminando de la dieta las comidas placenteras, la carne y el vino.

Y en este tiempo lo visitó un ángel. Al ayunar se somete la carne, activando la sensibilidad espiritual. En términos generales, al ayunar podemos escuchar la voz del Señor con más facilidad.

Todos podemos beneficiarnos dejando a un lado el sabroso pan por un tiempo. El Señor siempre nos bendice por cualquier sacrificio que hagamos por Él. Nuestro país sufre bajo un espíritu de glotonería y sería de gran bendición dedicar un tiempo de ayuno al Señor a nivel nacional. Muchas veces nos sentamos a comer sin hambre, simplemente porque es un hábito. No deberíamos comer por hábito o por tradición, sino más bien glorificar a Cristo en nuestro cuerpo. **"Si, pues, coméis o bebéis, o**

hacéis otra cosa, hacedlo todo para la gloria de Dios" (1 Corintios 10:31).

A veces ayunamos espontáneamente. Cuando la gente está triste, apenada, pierde el apetito y ayuna sin darse cuenta. Por esto, el dolor, la aflicción y el ayuno se mencionan juntos en la Biblia. Otra clase de ayuno espontáneo se da cuando estamos tan ocupados buscando a Dios por una situación o por una meta espiritual que, simplemente, olvidamos comer. Estamos moviéndonos tan rápido que no ocupamos el tiempo para comer, porque estamos concentrados en las cosas del Espíritu. Nos estamos moviendo en nuestro espíritu de manera "veloz". El ayuno actúa como dinamita espiritual para acelerar cosas en el Espíritu que normalmente demorarían más en suceder. Algunos cristianos están obligados a ayunar por falta de alimentos en el lugar donde viven. Pueden dedicar este tiempo a Dios y Él les bendecirá como si voluntariamente estuvieran ayunando.

¿El ayuno mueve la mano de Dios? No; si creemos que Dios se repliega y aleja de nosotros y que debemos luchar para que Él nos bendiga, tenemos una concepción errada del Señor. **Isaías 58:6** indica que el ayuno no es mover la mano del Señor, sino hacer que Satanás suelte lo que está reteniendo y que legalmente nos pertenece. Jesús murió para que podamos tener bendiciones. Nos pertenecen porque somos Sus hijos. No obstante, debemos presionar y obligar al enemigo para que las suelte. Es nuestro derecho como hijos de Dios. A veces Satanás aún controla demasiado territorio en nuestra vida y la de nuestros seres queridos. Tiene a muchos en esclavitud. El ayuno es la llave que rompe y desata las ligaduras de impiedad. Cuando oramos y ayunamos, el enemigo debe soltar a nuestros hijos ligados por espíritus de rebeldía y drogadicción. Debe quitar las manos de la vida de nuestros seres queridos, familiares y amigos. Algunas personas están tan ligadas que sólo el ayuno puede librarlas de las cadenas de impiedad de las fuerzas de las tinieblas.

Debemos ser sensibles al Espíritu Santo respecto de cuándo necesitamos ayunar. A veces no es necesario porque ya se ha "orado por completo" por el problema. Sólo precisamos descansar en el Señor hasta que llegue Su tiempo para la respuesta. Si ayunamos en esos momentos entonces lo único que lograremos es sentir hambre. También debemos buscar al Señor para saber si quiere que hagamos un ayuno parcial, normal, o completo. Si se lo preguntamos, nos lo dirá. Él confirmará Su voluntad a nosotros. Si no podemos oír Su voz con claridad, enviará a alguien que nos diga Su consejo. Solamente confiemos en Él.

Es necesario además que analicemos nuestras motivaciones para ayunar; si son razones egoístas, nuestro ayuno no será aceptable al Señor. Lo vemos en **Jeremías 14:10 y 12, "Así ha dicho Jehová acerca de este pueblo: Se deleitaron en vagar, y no dieron reposo a sus pies; por tanto, Jehová no se agrada de ellos; se acordará ahora de su maldad, y castigará sus pecados. Cuando ayunen, yo no oiré su clamor, y cuando ofrezcan holocausto y ofrendas no lo aceptaré, sino que los consumiré con espada, con hambre y pestilencia".** No podemos ayunar teniendo pecado, maldad, impiedad, o egoísmo en nuestra vida y esperar que Dios responda nuestras oraciones. Muchas veces no nos damos cuenta de que nuestras oraciones son egoístas. Cuando oramos para que nuestros seres queridos sean salvados o liberados, y la motivación es conseguir alivio y tranquilidad para nosotros en lugar de preocuparnos porque ellos reciban la paz y el gozo de Jesús, entonces estamos equivocados. Examinemos nuestro corazón cuando buscamos a Dios por algo.

Isaías 58 es el capítulo más importante sobre el ayuno. Leemos cómo esta llave puede romper ligaduras de impiedad, liberar de pesadas cargas y traer sanidad. Libera al oprimido y al deprimido. Rompe todo los yugos. Algunas personas están atadas a malos hábitos mundanos y el ayuno puede romper esas ataduras para que sean libres y puedan entrar al reino de Dios. Un ayuno de tres días romperá la mayoría de las adicciones.

Isaías 58:7 también dice, **"¿No es que partas tu pan con el hambriento, y a los pobres errantes albergues en casa; que cuando veas al desnudo lo cubras, y no te escondas de tu hermano?"** El ayuno nos permite no sólo dar "pan espiritual" al hambriento, sino que también soltemos nuestro dinero para compartir el "pan natural" con el pobre y el necesitado. El Señor quiere que tengamos abundancia para que podamos bendecir a otros. El acercará al pobre a nuestra casa para que le alimentemos. Quiere que estemos en condiciones de ministrar a otras personas. Dios nos dará un ministerio y hará que la gente se sienta atraída por el Espíritu Santo hacia la puerta de nuestro hogar en busca de consejo y oración.

Continuando con el **verso 7, "que cuando veas al desnudo, lo cubras"**. Estamos para cubrir en amor el pecado de otros, a través del ayuno y las oraciones misericordiosas. Pidamos a Dios que les perdone y les dé otra oportunidad. Si quedáramos desnudos en este mismo momento y nuestra vida fuera expuesta ante el mundo, cada uno de nosotros nos sentiríamos avergonzados por los pecados del pasado. Nadie podría soportarlo; todos nos desplomaríamos desnudos, expuestos y humillados. Pero no debemos padecer semejante experiencia porque Jesús ya pagó el precio de nuestros pecados, lavando con, Su sangre toda esa impiedad. ¡Gloria a Dios! Esos pecados ya no están, y Dios no los recuerda ni tampoco debemos recordarlos nosotros. **Hebreos 10:17** declara, **"Y nunca más me acordaré de sus pecados y transgresiones"**. Debemos orar por otras personas para que sean libradas de la carga del pecado que está sobre su vida.

En el **versículo 7** también leemos, **"¿... y no te escondas de tu hermano?"** Un truco del enemigo es mantenernos tan ocupados ministrando a otros que fallamos en hacerlo con nuestra propia carne. También debemos pedir al Señor que haga una obra purificadora en nosotros y asegurarnos de tomar tiempo para permitir al Señor que nos ministre a través de Su Palabra, mientras permanecemos a solas con Él. Pero no descuidemos nuestra carne y sangre. No estemos siempre tan ocupados con las necesidades ajenas que no podamos ministrar a nuestra propia familia. Debemos ayunar por ellos, orar por ellos y pasar tiempo con ellos.

En el **versículo 8** vemos los frutos del ayuno. **"Entonces nacerá tu luz como el alba, y tu salvación se dejará ver pronto; e irá tu justicia delante de ti, y la gloria de Jehová será tu retaguardia"**. Mediante el ayuno, la sanidad llega rápidamente. Si hay pecado arraigado en nuestra vida y no podemos lograr la victoria sobre este pecado, el ayuno nos fortalecerá espiritualmente y nos librará de la esclavitud, para que nuestra justicia nos preceda. Qué bella promesa, la gloria del Señor será nuestra recompensa. Recibimos una recompensa durante el tiempo de ayuno, pero esto no es todo. También seremos recompensados al ver que las cosas suceden en el futuro en respuesta a nuestras oraciones.

El **versículo 9** dice, **"Entonces invocarás, y te oirá Jehová; clamarás, y dirá él: Heme aquí. Si quitares de en medio de ti el yugo, el dedo amenazador, y el hablar vanidad..."**. Aquí vemos que existen condiciones para el ayuno. No podemos señalar a otros con el dedo condenándolos, mientras esperamos respuesta para nuestras oraciones. Acerquémonos al Señor con humildad, si deseamos que Él nos conteste nuestras oraciones.

El resto de **Isaías 58** explica que el Señor nos hará ser luz para otros y no andaremos en tinieblas porque Él siempre nos guiará. Dice que en la sequía Él nos saciará. No importa lo que suceda en la tierra, tendremos abundancia. Los lugares en ruinas serán edificados nuevamente, y el Señor restaurará y reparará todo el daño hecho a nuestra vida. Andaremos por lugares altos y heredaremos las bendiciones de Dios. El ayuno trae restauración a nuestra vida personal.

La restauración de la Iglesia

Vivimos un tiempo de restauración para la Iglesia. Dios ha comenzado una obra de restauración en nosotros. El poder del Espíritu Santo está siendo restituido a la Iglesia. Dios esta sanando a Su pueblo y devolviéndole aquellas cosas que Satanás le robó. El Señor está restituyendo la verdad a Su Iglesia para que puedan levantarse de la oscuridad, y sean vistos en amor y poder, tal como sucedía con la Iglesia en los días del Nuevo Testamento.

El mundo está mirando a la Iglesia, necesita ver una Iglesia con poder para sanar y bendecir, caminando en victoria. El mundo quiere ver una Iglesia que no sea hipócrita, sino santa y llena de amor. Somos los miembros individuales de esa Iglesia, si hemos nacido de nuevo. La obra debe comenzar en nosotros, personalmente, antes de que pueda manifestarse en el cuerpo de manera colectiva. El Señor vuelve por una novia sin mancha ni defectos. Dios está preparándola. Debemos tener las llaves del reino para alcanzar esa posición en Dios donde el mundo pueda darse cuenta de la diferencia entre "nosotros" y "ellos".

El ayuno es una maravillosa herramienta pata ayudarnos a lograr esa posición en el Señor. El deseo último de Dios es que tengamos vidas "de ayuno", reduciendo así la necesidad de ayunar periódicamente. No obstante, hasta que alcancemos ese punto donde el reino de Dios signifique más que la comida, necesitamos disponer la voluntad para ayunar y poner el cuerpo bajo sujeción del Espíritu del Señor.

Pablo era un vencedor, y dice en **1 Corintios 9:27, "Sino que golpeo mi cuerpo, y lo pongo en servidumbre, no sea que habiendo sido heraldo para otros, yo mismo venga a ser eliminado"**. Nosotros, para vencer, debemos hacer lo mismo. Para crecer en Dios debemos seguir los métodos que Él demuestra en Su Palabra. El Señor nos alienta a caminar en Su senda para que logremos la misma victoria que Pablo alcanzó. No es imposible. Lo que sucede es que no hemos comprendido el propósito último de Dios para nuestra vida, y hemos vivido muy por debajo del nivel que Él deseaba. Aun cuando debamos atravesar algunos lugares difíciles en esta vida, podremos decir que valía el esfuerzo al llegar a la perfección de Pablo. **"En trabajo y fatiga, en muchos desvelos, en hambre y sed, en muchos ayunos, en frío y en desnudez" (2 Corintios 11:27). "Y ciertamente, aun estimo todas las cosas como pérdida por la excelencia del conocimiento de Cristo Jesús, mi Señor, por amor del cual lo he perdido todo, y lo tengo por basura, para ganar a Cristo" (Filipenses 3:8).**

Las llaves de la oración, alabanza, adoración, intercesión, el dolor y el ayuno nos llevaran a la posición que Pablo alcanzó a través de Jesús. Podemos tener una unción semejante en nuestra vida, hacer los mismos milagros que hizo Pablo, y también obtener las mismas victorias en el nombre de Jesús. Podemos entrar en una dimensión tal para la batalla espiritual que haga que los demonios y el diablo nos obedezcan. Aunque la guerra espiritual es otra llave del reino, no trataremos el tema aquí. Podemos descubrir las maquinaciones de Satanás y aprender cuáles son los caminos para derrotarlo. Estas importantes llaves librarán a muchos de las cadenas de las tinieblas. Usémoslas a todas para que el reino de Dios se forme en nosotros.

"Padre, conoces a cada uno de los que lee este libro hoy, te pido que te acerques a ellos y cumplas sus necesidades. Señor, ministra a la necesidad de cada uno ahora a través del poder del Espíritu Santo. Si algunos no han sido llenos de Tu Espíritu, oro para que lo sean plenamente en este momento. Dales su idioma celestial para alabarte y adorarte. Señor, a aquellos que te necesitan como Salvador, tócalos y entra en su corazón para que puedan nacer de nuevo y sean plantados en Tu reino. A quienes precisan sanidad para el cuerpo, tócalos con Tu poder sanador y creativo. Padre, libera y haz libres a los que sufren depresión y están atados a las cosas del mundo. Bendice Tu pueblo, Señor, mientras busca Tu voluntad y Tu camino. Dales Tu Fortaleza para usar las llaves del reino para vencer al enemigo. En el nombre de Jesús. Amen".

Nota Posterior

Los Miller están muy contentos de recibir correo de sus lectores; sin embargo, no les es posible responder a todas las cartas personalmente dado el volumen de correo que reciben. Ellos estarán encantados de orar junto con los intercesores de todos los que les escriben con una petición de oración, aunque no dan asesoramiento ya que ellos creen que esto debe ser dirigido a los pastores locales como se describe en las Escrituras.

Christ Unlimited Ministries, Inc. es una corporación 501(c) (3) de iglesia sin fines de lucro. Todas las contribuciones son deducibles de impuestos. Agradecemos sus oraciones, estímulos y apoyo. La compra de este libro nos hace posible el poder compartir copias gratis de la Biblia, literatura de enseñanza, materiales de video y audio con ministros en países del tercer mundo, quienes de otra manera no serían capaces de comprar el material.

"El Señor le dio la palabra: era grande la compañía de aquellos que lo publicó" (Salmo 68:11).

Para Estudio Adicional

Este libro fue tomado de un curso de estudio de la Biblia llamado **La Series Sobreponiéndose a la Vida**. Toda la serie es una "caja de herramientas espiritual" virtual, ya que cubre una multitud de temas que cada cristiano enfrenta en su caminar con Dios. También responde preguntas que muchos creyentes tienen concerniente al movimiento actual con Dios. Esto es tratado con un enfoque equilibrado y dentro de la luz de las Escrituras. El pueblo de Dios no debe vivir frustrado, derrotado en la vida, sino que han de ser ¡victoriosos vencedores! Para un estudio más profundo, cada uno de estos libros tiene un cuaderno de trabajo disponible en versión impresa. También se enumeran a continuación libros adicionales escritos por Betty Miller.

Títulos de libros en la
SERIE SOBREPONIÉNDOSE A LA VIDA:

EXAMINA TODO (La Serie Sobreponiéndose a la Vida – Libro 1) - Cristo advirtió que la gran decepción sería uno de los signos de los tiempos finales. Se ofrecen pautas claras Bíblicas para discernir entre el Espíritu de la verdad y el espíritu del error. El libro trata sobre cómo juzgar sin ser crítico. *(Disponible en Impresión, PDF y Kindle, ¡Un libro de trabajo correspondiente estará disponible pronto!)*

EL VERDADERO DIOS (La Serie Sobreponiéndose a la Vida – Libro 2) - Esta es una enseñanza sobre el carácter de Dios, explicando por qué Dios hace ciertas cosas, y por qué está en contra de su naturaleza el hacer otras cosas. Diferencia entre las cosas por las que Dios es responsable y las cosas por las que el diablo es responsable. Nuestra responsabilidad como cristianos destinados a superarnos nos hace claro para que podamos vivir vidas victoriosas. *(Disponible en Impresión, PDF y Kindle, ¡Un libro de trabajo correspondiente estará disponible pronto!)*

LA VOLUNTAD DE DIOS (La Serie Sobreponiéndose a la Vida – Libro 3) - Esta lección nos enseña no sólo cómo conocer la voluntad de Dios en nuestra vida personal, en la familia, en el ministerio y en las finanzas, pero también trae consigo la comprensión de por qué Dios permite el pecado, la enfermedad y el sufrimiento en el mundo. Como vencedores, nosotros los cristianos no deberíamos de estar sufriendo debido a muchas cosas que hemos aceptado como normales. *(Disponible en Impresión, PDF y Kindle, ¡Un libro de trabajo correspondiente estará disponible pronto!)*

LAS LLAVES DEL REINO (La Serie Sobreponiéndose a la Vida – Libro 4) - Las instrucción sobre cómo ganar autoridad en el Reino de Dios a través de la oración es el tema de este libro. Muchos de los principios y métodos de la oración están cubiertos en este libro, tales como la oración en el Espíritu, el ayuno y el rezo, oración de dolor, alabanza, intercesión y guerra espiritual. *(Disponible en Impresión, PDF y Kindle, ¡Un libro de trabajo correspondiente estará disponible pronto!)*

LA DESCRIPCIÓN Y ANDANZAS DE SATANÁS (La Serie Sobreponiéndose a la Vida – Libro 5) - Este libro es una poderosa exhibición de los trucos, tácticas y de las mentiras de Satanás. Los métodos de cultos y métodos ocultistas se enumeran para que así los cristianos puedan detectar sus actividades. Se discute la actividad del demonio, la liberación y la expulsión de demonios es tratado en detalle. Se pone al descubierto el reinado de Satanás y se le enseña al cristiano a superarse por medio del discernimiento espiritual la lucha. *(Disponible en Impresión, PDF y Kindle, ¡Un libro de trabajo correspondiente estará disponible pronto!)*

LA CURACIÓN DEL ESPÍRITU, ALMA Y CUERPO (La Serie Sobreponiéndose a la Vida – Libro 6) - Este libro enseña cómo combatir los problemas emocionales, tanto como los físicos, y como recibir las curación divina. También enseña como renovar la mente carnal y caminar dentro del espíritu de la vida, superando así la depresión, soledad y el temor. *(Disponible en Impresión, PDF y Kindle, ¡Un libro de trabajo correspondiente estará disponible pronto!)*

NI HOMBRE NI MUJER (La Serie Sobreponiéndose a la Vida – Libro 7) - ¿Cuál es el papel de la mujer dentro de la iglesia y el hogar? ¿Quién es la guía espiritual de la mujer, y quien le protege? ¿Llama Dios a la mujer al ministerio de los cinco oficios ministeriales? ¿Qué nos dice la palabra de Dios sobre el divorcio, celibato, y como escoger a una pareja para el matrimonio? Estos y otros tópicos relacionados a la mujer son bíblicamente examinados. *(Disponible en Impresión, PDF y Kindle, ¡Un libro de trabajo correspondiente estará disponible pronto!)*

¿EXTREMOS O EQUILIBRADO? (La Serie Sobreponiéndose a la Vida – Libro 8) - Muchos cristianos han dañado la causa de Cristo a través de enseñanzas y manifestaciones "fuera de balance". Este libro ensena como evitar esas áreas. También trata sabiamente sobre los excesos y extremos en el cuerpo de Cristo. *(Disponible en Impresión, PDF y Kindle, ¡Un libro de trabajo correspondiente estará disponible pronto!)*

LA SENDA HACIA LA VIDA VICTORIOSA (La Serie Sobreponiéndose a la Vida – Libro 9) - Este libro contiene respuestas a preguntas que enfrenta un vencedor al sentir la presión del gran llamado en Jesucristo. ¿Cómo podemos ser conformados a la imagen de Cristo? ¿Cómo funciona el Espíritu Santo con los vencedores al final de los tiempos? ¿Cuáles son las recompensas de los vencedores? *(Disponible en Impresión, PDF y Kindle, ¡Un libro de trabajo correspondiente estará disponible pronto!)*

Títulos de libros en la
LA SERIE DE LOS TIEMPOS FINALES:

GUERRA ESPIRITUAL PERSONAL (La Serie Los Tiempos Finales – Libro 1) - Explica el mundo invisible de las fuerzas espirituales que influyen en nuestras vidas y cómo el bien puede prevalecer sobre el mal a nuestro alrededor mientras nos preparamos para la nueva era del reino que ha de venir. Este libro le ayudará a superar los problemas en sus finanzas, el matrimonio, las presiones emocionales de temor, enojo y dolor. Estas son las claves de la victoria a través de la guerra espiritual. *(Disponible en impresión, PDF y Kindle)*

MARCA DE DIOS O MARCA DE LA BESTIA (La Serie Los Tiempos Finales – Libro 2) - Mucho se ha escrito y dicho acerca de la marca de la bestia, pero poco se ha dicho acerca de la marca de Dios. ¿Qué significa el 666 y que es esta misteriosa marca? ¿Cómo se vincula con el mundo de las finanzas? ¿Ha comenzado ya esta marca? Este libro responde a muchas preguntas acerca de la marca de la bestia y la marca de Dios, y cómo afectan a los cristianos. *(Disponible en Impresión, PDF y Kindle)*

MATERIAL DEVOCIONAL:
SABIDURÍA DE DIOS PARA LA VIDA DIARIA

- La sabiduría de Dios para la vida diaria por Betty Miller es un devocional de 365 días basado completamente en el libro de Proverbios. Este libro único es algo más que un devocional diario; sino que también es una serie de mini-enseñanzas, que te ayuda a estudiar y meditar en la Palabra de Dios. Proverbios revela la Sabiduría de Dios, y nos ayuda a saber cómo hacer frente a los problemas cotidianos a los que todos nos enfrentamos. Este libro en particular nos da consejos piadosos en el área de las relaciones, el matrimonio, la educación de niños, manejo de dinero, problemas de salud, y decenas de otros temas y cosas oscuras que, por la curiosidad de la gente, han deseado saber. La Biblia es un regalo de Dios a la humanidad, y el regalo de Betty Miller de la enseñanza ayuda a los que tienen corazones que buscan obtener este conocimiento y aplicarlo a su vida diaria. El devocional tarda sólo 5 minutos al día para leer, pero la sustancia persistirá con usted todo el día. Vea el comentario de un lector abajo. (*Disponible en Impresión y Kindle, disponible pronto en Aplicación Móvil.*)

Muchos de estos libros se han redactado, pero ninguno se compara con el de Betty Miller. Esto realmente es un diario de referencia esencial y fuente de inspiración para cualquier persona que quiera estar más cerca de Dios. Ella tiene una increíble conexión con el Espíritu Santo ya que sus palabras parecen penetrar en el alma del lector. He estado leyendo este libro de manera intermitente durante años y siempre descubro algo nuevo que yo no había visto antes, no importa cuántas veces lo he leído. También es una excelente guía para enseñar y aconsejar a otros. ¡Muy recomendable! - C. A.

Si este libro te ha bendecido, nos encantaría seguir dándote ministerio a través de nuestra página web. Si usted busca artículos adicionales, materiales de estudio, respuestas de la Biblia, apoyo en oración, u otros materiales de recursos bíblicos visitarnos hoy.

www.BibleResources.org
Christ Unlimited Ministries, Inc.
P.O. Box 850
Dewey, AZ 86327
U.S.A.

Propósito y Visión

"Id, pues, y haced discípulos a todas las naciones, bautizándolos en el nombre del Padre, y del Hijo, y del Espíritu Santo, enseñándoles que guarden todas las cosas que os he mandado: y he aquí yo estoy con vosotros todos los días, hasta el fin del mundo. Amén"
(Mateo 28: 19-20).

El Cristo ilimitado no es "otra denominación", secta, o simplemente un grupo separado. Es un brazo del Cuerpo de Cristo-la Iglesia de Jesucristo, que ha sido llamado a fortalecer el Cuerpo en general. También creemos que hemos sido llamados para ayudar a establecer el Reino de Dios en la tierra.

El Cristo Ilimitado está involucrado con todos los cristianos creyentes en la Biblia, independientemente de su iglesia o afiliación o denominación y que están comprometidos a ayudar siempre que sea posible en evangelizaciones y en enseñanza de acercamiento.

El Cristo Ilimitado cree que el tiempo se está acabando y el evangelio no ha sido predicado a toda criatura. Muchas naciones no han escuchado el Evangelio, y en muchos lugares, las puertas para la evangelización se están cerrando. Creemos que es hora de que todos los cristianos cooperen con el Señor en la rotura de las paredes de la denominación en una línea de frente único contra el reino de la oscuridad y en el establecimiento del Reino del Señor Jesucristo por el poder del Espíritu Santo.

El Cristo Ilimitado ofrece herramientas para permitir a los santos de Dios a establecer el Reino de Dios en la tierra. Alentamos los grupos de guerreros de la oración que oren, ayunen, e intercedan por las naciones. Esto, creemos, es el arma número uno. Enseñamos a los creyentes la manera de superarse a través de la guerra espiritual y por medio de saber cómo utilizar su autoridad en Cristo Jesús por medio de la Palabra y el poder del Espíritu Santo.

Los cristianos necesitan saber cómo reducir las fuerzas de la oscuridad en sus propias vidas y en las vidas de aquellos a quienes ministran. Proporcionamos herramientas tales como Biblias, literatura, libros sobre Cristo Ilimitados y un ministerio de oración en línea. Publicamos el Evangelio a través de cualquier medio de comunicación, incluido Internet, vídeos, así como literatura. Tenemos seminarios de enseñanza, escuelas Bíblicas, y cursos por correspondencia, todo ello encaminado para ganar almas para Cristo y la construcción del Cuerpo de Cristo en la madurez.

Bud y Betty Miller sirven al Señor juntos como fundadores del ministerio de alcance multi-visionario de Cristo Ilimitado. Los alcances de este ministerio se han originado a partir de un gran deseo de que la Palabra de Dios sea enseñada en su totalidad equilibrada. Los Miller son firmes creyentes en la oración y, a través de la oración, han visto a muchos haber sido liberados de la esclavitud del temor, del fracaso y de la derrota.

Los alcances de Cristo Ilimitado están en obediencia a las palabras de nuestro Señor. **"Id por todo el mundo y predicad el evangelio a toda criatura" (Marcos 16:15).** Este mandato del Señor representa un desafío para nuestra generación ya que como un estimado del 25 por ciento de la población mundial todavía no ha oído las Buenas Nuevas de Jesucristo.

El ministerio de Cristo Ilimitado también se dedica a la enseñanza de la Palabra de Dios. **Oseas 4: 6** nos dice, **"Mi pueblo fue destruido porque le faltó conocimiento".** Muchos cristianos están llevando vidas derrotadas, simplemente porque no conocen la Palabra de Dios en toda su plenitud.

El Ministerio de Cristo Ilimitado ha provisto para aquellos que desean conocer la Palabra de Dios de una forma mayor. El principal objetivo de la enseñanza y la literatura se dirige a "Cómo poder ser un vencedor". En los últimos días, tenemos que estar preparados para superar los ataques de Satanás. Muchos cristianos están sufriendo innecesariamente, porque no saben cómo superar la enfermedad, la depresión, el divorcio, el temor y el fracaso financiero. El Ministerio de Cristo Ilimitado proporciona respuestas para las familias con problemas, así como capacitación a los trabajadores para el servicio.

Si te gustaría participar en traer libre de las enseñanzas de la Biblia a misioneros en todo el mundo, ganar almas para Cristo, y construir el cuerpo de Cristo a la madurez, se convierten en un socio en este esfuerzo de hoy.

Convertirse en un socio en línea en BibleResources.org

o

Convertirse en un socio por contribuciones al correo:
Christ Unlimited Ministries
P.O. Box 850
Dewey, AZ 86327

CHRIST UNLIMITED MINISTRIES es una sin fines de lucro, exenta de
impuestos Iglesia, bajo sección 501(c)(3) del código tributario. Todas las contribuciones son deducibles de impuestos.